企业架构
的数字化转型

于海澜　唐凌遥◎编著

清华大学出版社

北　京

内 容 简 介

如今企业数字化转型和"互联网＋"已成为热门话题。那么,如何开展转型工作,让具体工作可以落到实处呢?由于数字化转型工作的复杂性,很多企业管理者感觉无从下手,市面上也十分缺乏相关的指引和资料。本书介绍的企业架构方法以及多个领先企业和行业数字化案例,可以使读者系统地掌握数字化转型的理论和落地方法,帮助企业完成生死攸关的转型变革。

本书回答了"什么是数字经济,什么是数字化转型,什么是数字化转型的关键要素"等问题,并在转型方法方面介绍了数字化企业架构的业务架构、流程、组织、IT架构,详细阐述了金融、零售、医疗、物联网、AI、智能制造等方面最新的商业模式和技术发展。

本书打开了一扇新的数字化转型方法之门,是企业管理者、信息化从业者以及管理咨询服务机构、IT服务公司从业人员、大专院校师生很好的参考资料。

图书在版编目(CIP)数据

企业架构的数字化转型/于海澜,唐凌遥编著. —北京:清华大学出版社,2019(2025.1重印)
ISBN 978-7-302-53263-7

Ⅰ.①企… Ⅱ.①于…②唐… Ⅲ.①企业管理—计算机管理系统 Ⅳ.①F272.7

中国版本图书馆 CIP 数据核字(2019)第 133429 号

责任编辑:白立军 常建丽
封面设计:杨玉兰
责任校对:胡伟民
责任印制:杨 艳

出版发行:清华大学出版社
　　　　网　　　址:https://www.tup.com.cn,https://www.wqxuetang.com
　　　　地　　　址:北京清华大学学研大厦 A 座　　　　　　　邮　　编:100084
　　　　社 总 机:010-83470000　　　　　　　　　　　　　　邮　　购:010-62786544
　　　　投稿与读者服务:010-62776969,c-service@tup.tsinghua.edu.cn
　　　　质量反馈:010-62772015,zhiliang@tup.tsinghua.edu.cn
　　　　课件下载:https://www.tup.com.cn,010-83470236
印 装 者:涿州市般润文化传播有限公司
经　　销:全国新华书店
开　　本:185mm×230mm　　　印　　张:12.25　　　字　　数:305 千字
版　　次:2019 年 10 月第 1 版　　　印　　次:2025 年 1 月第 5 次印刷
定　　价:39.00 元

产品编号:082552-01

如果认为"互联网＋"仅是一个时髦词汇，说明您已经 OUT 了！数字化转型就是已经发生的未来，各行各业向数字化转型必然是社会发生变革的大趋势，这场变革带来的冲击无人能够幸免。但是，也有朋友说"不转型是等死，转型就是找死"，而"找死不如等死"应该是当下大多数人普遍的认知。其实发明"找死"这个词和数字化转型绑在一起，不过是揭示了当下的人面对转型，以及面对未知的新领域，内心深处非常恐惧的心理状态，同时也为了给自己犹豫观望、不正视必须转型的现实，而找一个能够安慰自己的理由！

华为 17 万人，分布在地球的各个角落，他们是如何实现运转灵活高效的？任正非说："由流程连接起来的一张大网，眼眼相通、环环相扣，一个流程连着一个流程，一个里程碑连着一个里程碑，动一发而牵全身"，任先生一语道破华为数字化转型成功的天机，即企业的数字化转型不能够脱离企业的基本概念、业务逻辑，由数字构成的虚拟世界必须与现实世界"对齐"。说白了就是纯粹的 IT 技术人员无法完成数字化转型的任务，企业架构理论和工具方法的提出，强调的是业务架构和信息架构的对齐！

两位作者对企业的业务逻辑有深刻理解，加上他们都具有丰富的企业管理咨询辅导经验，正如任正非先生上面所讲的那样，在企业的数字化转型过程中，企业的业务逻辑、业务流程是基础，数据是核心，沿着业务逻辑构成的数据链描述了企业运营状况的真相。

本书最大的贡献是提出了"数字化转型失败往往都不是技术层面的原因"这一鲜明的观点。作者认为：技术仅是工具和手段，关键的因素仍然是企业家的创新精神、战略规划和运营模式的转变。这个观点是贯穿全书的主线，作者的这一贡献将把人们从迷茫中唤醒，也为数字化转型指明了方向。

阅读本书的最大价值是：可以了解并且掌握企业数字化转型须实施的技术路线、关键步骤、组织方法，以及实施技巧和具体工具的应用。本书对企业家、各类机构的管理者都有帮助，作者在本书中阐述了如何使用企业架构的科学方法，并且非常细致地描述如何应用方法开展企业数字化转型工作。本书可以帮助企业家和管理者摆脱在数字化转型中的迷茫，带领组织走上正确的转型之路；特别是对于正在从事信息化工程的架构师、IT 工程师和技术人员，会有很好的帮助。本书的参考和实用价值非常高，并且是一本易于掌握的、指导企业实施数字化转型的好工具书。

　　数字化企业就是智能型企业，数字化转型就是智慧化转型。在两位作者的书稿准备付梓出版之前，我非常荣幸地先睹书稿，并且为两位作者关注社会进步、关注企业成长的大爱而深深感动！期望本书能够给国家竞争力的提升、社会的进步、企业及组织的成长和竞争力的提升带去更多的福音，于是欣然命笔将这本不可多得的好书推荐给读者朋友。

深圳市专家人才联合会专家、书记 周庆明

2019 年 4 月

互联网与传统业务的边界越来越模糊,线上和线下开始打通和融合,跨界产生了新的商业机会和创新应用。企业的"互联网+"和数字化是必然趋势。企业业务的数字化能够打破物理空间和时间的限制,通过建立现实世界的数字孪生(digital twin)世界,为企业经营打开一个全新的、潜力无限的新局面。

云计算和大数据开始构建当今社会的数字经济基础设施,未来大部分企业创新和商业的进化都会围绕新技术展开。数据在移动互联和人工智能时代的作用,就好像工业时代的"石油"和"电",已经成为必不可缺的基础能源,而数字化就是创造数据的唯一途径。从20世纪70年代互联网诞生至今,线上的数据量以指数级快速增长,过去两年创造出全球90%的数据,现在每天新增的数据约有10^{18}B。在这次数字化浪潮中,多家咨询公司调查的结果表明:80%~90%的企业都急迫地使用数字化和智能化技术。然而,当前具有这种能力的企业却只占10%。这说明很多企业在线上和线下业务数字化和智能化的道路任重道远。

当今数字化转型和"互联网+"已经在中国众多企业中成为热门话题。由于数字化转型是一个全新的领域,很多企业管理者缺乏开展具体转型的指引和方法,无从下手。采用企业架构的方法,并与最新技术相结合,能够帮助企业完成数字化转型的进程,使企业实现生死攸关的自我再造。

目前数字化转型的落地体系比较少,而且没有与企业实际运营中流程、组织、技术相结合,导致数字化转型的落地项目很难开展。企业架构的理论和方法在中国已经有20多年的发展历史,在推动企业信息化建设方面起到很好的效果。在移动互联和大数据时代,企业架构的理论基础仍然有效,但是应用和实施必须与时俱进,融入最新运营模式和互联网技术,才能真正帮助企业完成数字化转型。

本书在分析当前全球和中国企业数字化转型的背景下,指出企业需要通过业务架构和IT架构的重新设计和实施,完成整体的数字化转型。在过去20年企业信息化基本成熟后,下一步企业将面临移动互联网、云、大数据和人工智能等新技术的挑战。业务模式、流程和IT技术都需要重新审视和改造,以适应新的市场发展和竞争。

　　本书系统地介绍企业业务能力、流程、组织、考核、IT 架构等方面的方法和场景案例，帮助企业管理者和 IT 人员了解企业架构的方法，掌握如何具体落地数字化转型项目。为了配合本书的内容介绍，我们还建立了门户网站，搜集整理了多个行业的"互联网＋"商业模型、互联网 IT 架构、大数据和 AI 的应用案例，为企业更好地进行转型落地建设提供参考。

作　者

2019 年 1 月

目 录

数字化和互联网时代来临

1.1 数字化和互联网时代的商业变革

1.1.1 数字经济的发展趋势

人类从维持生存到创造财富、改造世界,这种不断提高的能力即生产力。每一次技术革命都是对生产力的巨大释放。如图 1.1 所示,人类历史经历了四次工业革命:第一次工业革命开创的"蒸汽时代",标志着农耕文明向工业文明的过渡,是人类发展史上的一个伟大奇迹;第二次工业革命将人类带入"电气时代",电力、钢铁、铁路、化工、汽车等重工业兴起,石油成为新能源,极大地促进了交通的发展,并使得世界各国的交流更频繁,逐渐形成一个全球化的国际政治、经济体系;第三次工业革命开创了"信息时代",全球信息和资源的交流变得更为迅速,国际化进程席卷全球。随着新兴技术在许多领域取得突破,如机

图 1.1 信息技术的发展历史

器人技术、人工智能、纳米技术、量子计算、生物技术、物联网(IoT)、3D 打印和自动驾驶汽车，人类正在经历第四次工业革命。第四次工业革命以数字革命为基础，代表了商业的运营向数字化的转变，代表了技术融入社会乃至人体的新方式。

1946 年，在美国宾夕法尼亚大学诞生了世界上第一台通用电子计算机——ENIAC，它使用了 18 000 个电子管，占地 170m²，重达 30t，每秒钟可进行 5000 次运算，被美国国防部用来计算弹道。之后的半个世纪，面向计算能力和成本的技术创新是信息技术发展的主线，揭示发展和性能规律的"摩尔定律""安迪比尔定律"等主导了信息技术的发展历史。

随着时代的变迁，全球竞争的主体不断更迭，成为推动技术变革、经济增长和社会进步的重要力量，也对国家和社会生活方式产生了深刻的影响。例如，在工业化时代，美国的福特、通用，欧洲的西门子、壳牌，日本的三菱、丰田，成为行业霸主，引领行业发展数十载。而信息化时代的主导企业又变为美国的 IBM、微软、思科，欧洲的爱立信、诺基亚，中国的联想、华为等。这些跨国公司依靠巨大的规模效应，成为经济的主角和创造力、竞争力的主要来源。

随着互联网的兴起，特别是云计算、大数据、移动互联网、人工智能、物联网等科技和产业的发展，人类迈入数字化时代。近 20 年来，全球市值排名前十的企业从能源、金融、制造等传统领域逐渐转变为互联网、科技等数字经济领域。2018 年全球企业市值前 100 位的公司中，苹果、微软、亚马逊位居前三位，市值已经超过 1 万亿美元，而谷歌、脸书(Facebook)、阿里巴巴、腾讯紧随其后。这些企业深刻地改变着人们的生产、生活和学习方式，对国家竞争、市场竞争产生深刻影响。预计，未来 20～30 年，全球范围内国家之间、企业之间的竞争，很大程度上将表现为数字经济体之间的竞争。

数字经济是基于新一代信息技术，孕育全新的商业模式和经济活动，并对传统经济进行渗透补充和转型升级。数字经济不仅是对原有经济体系的补充和融合，更是从底层进行的深刻变革，重塑全球经济愿景。

数字经济正在席卷全球，正在成为国家的核心竞争力，全球经济向数字化转型和迁移已经是必然趋势。中国的数字经济发展迅速。2017 年，中国数字经济规模达 27.2 万亿元，同比增长 20.3%，占 GDP 的比重达到 32.9%，规模仅次于美国，位居全球第二。人工智能、大数据、物联网、云计算等新一代信息技术取得重大进展，数字经济与传统产业加速融合，成为引领中国经济发展的强劲动能，显示出新时代的巨大活力。中国数字经济规模及占比如图 1.2 所示。

1.1.2　数字经济的特点

微软创始人比尔·盖茨在 20 世纪 90 年代展望未来时说的一句话基本概括了未来 100 年人类社会文明进步的一个伟大梦想：Any people, any time, any thing, any where,

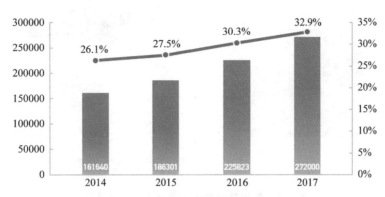

图 1.2　中国数字经济规模及占比

数据来源：中国信息通信研究院

can be connected! 这个梦想就是万物互联,跨越时间和空间,人与人之间、人与物之间都可以连接在一起。这个伟大的梦想正在被移动互联、人工智能、物联网、5G 通信逐步实现。

互联网的上半场已经在消费端(C 端)改变了大众的娱乐方式、消费方式、出行方式等,未来 30 年是互联网与更多传统行业彻底融合的时代。数字化好比电、蒸汽机等发明提高生产力,与高端制造业结合形成智能制造;与零售行业结合形成新零售;与金融结合形成新金融;与医疗结合形成新医疗。数字化已经成为直接的生产力和创新手段。

数字化经济时代,传统经济学理论中的"价值链"开始向"价值网络"转变;从划分职能部门向业务能力服务化、外包化转变。传统价值链的流水线式的生产方式已经不适应复杂多样和快速变化的市场要求。价值网络可以使企业更加灵活、动态地生产和提供服务,通过与合作伙伴和客户的协作创造价值。在汽车、电子、计算机等很多行业都呈现了组件化的发展趋势,很多企业只从事价值网络中一部分的专业化工作,如手机厂家苹果、华为、小米等,它们的价值网络就是由液晶屏、芯片、摄像头、外壳等多个零部件供应商,以及设计、软件、代工工厂、电商平台等外部企业一起构成复杂的手机商业网络。这个网络里的企业虽然都各自独立,但是它们之间的流程、人员、信息系统紧密结合,形成高效运营的有机体。企业需要快速改造自己,形成组件化的企业架构,才能在价值网络中占据核心和最有价值的位置,掌握主动和发展的机会。

价值网络中的各种服务能力虽然是有限的,但不同的组合可以建立千变万化的业务平台。如同乐高(LEGO)玩具,使用几个简单的塑料积木,就可以搭建出变化无穷的造型,如图 1.3 所示。

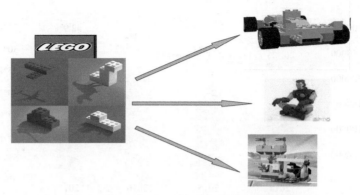

图 1.3 使用简单的积木搭建出多样的造型

当今行业的竞争更加激烈,企业家们都在尝试通过数字化提升业务能力。旧的行业生态已经开始剧烈演变,从传统的价值链演变到价值网络。企业如何洞悉新的生态价值网络,并占据战略制高点,将直接影响未来企业的生存和发展路径。

比本行业熟悉的竞争对手或者友商更可怕的是跨界而来的新物种公司的竞争。已经有很多"看不上""看不起""看不懂"的案例发生在今天快速变化的时代。"羊毛出在狗身上,猪买单"的事件层出不穷。

即使不考虑竞争对手的挑战,企业如果不加入互联网和数字化的基因,最终也会被消费者遗弃。因为社会大众已经被电商、外卖、共享、支付等互联网企业养成了网上消费的习惯,特别是 90 后、00 后网络原生一代,对传统的商业模式已经无感了。马云曾经说过,"所有的传统行业都可以用互联网思维重新做一遍"。数字化从字面上理解好像是一次IT 技术的变革,但这种看法太狭隘了。数字化是商业模式、运营体系、流程和技术,以及人才和组织全面的变革。

1.1.3 数字经济的内在规律

在工业化时代,牛顿定律、爱因斯坦相对论等科学定律指引了工业化大规模生产的发展。在互联网和信息时代,需要新的定律指引技术的发展。只有理解和掌握信息时代和互联网时代的定律,才能看懂和掌握发展的规律。在数以百计的新时代发展规律中,最关键和应用最广泛的有以下六大定律。

1. 摩尔定律

摩尔定律(Moore's Law)由英特尔(Intel)创始人戈登·摩尔(Gordon Moore)在 1965年提出。其内容可以概括为:当价格不变时,集成电路上可容纳的元器件的数目,约每隔

18 个月增加一倍,其性能也将提升一倍。换言之,单位成本所能买到的处理性能,每隔 18 个月将增加一倍,如图 1.4 所示。

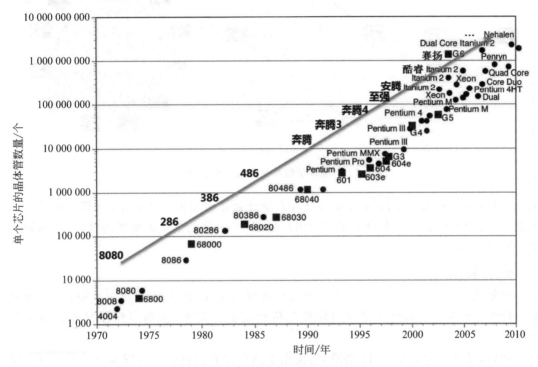

图 1.4　摩尔定律晶体管集成度趋势图

40 多年来,摩尔定律定义了信息技术的发展速度,促使计算机从复杂的庞然大物变成多数人都不可或缺的工具,信息技术由实验室进入无数普通家庭。互联网和手机将全世界联系起来,改变了每个人的生活乃至人类发展的轨迹。

2. 梅特卡夫定律

3COM 公司的创始人罗伯特·梅特卡夫(Robert Metcalfe)提出:一个网络的价值同它的用户数量的平方成正比,简言之,就是用户越多,价值越大,如图 1.5 所示。

规模是网络价值的基础。网络上的"结点"(即用户)越多,网络的整体价值越大。同时,规模越大,单个存量用户获得的效用越大。一般的资产,分享者越多,个体所得越少。网络则不同,网络系统内结点越多,单个结点可以分享到的价值反而越大。

这个定律是互联网思维中最重要的,滴滴、美团一开始给用户大量的补贴,让更多的

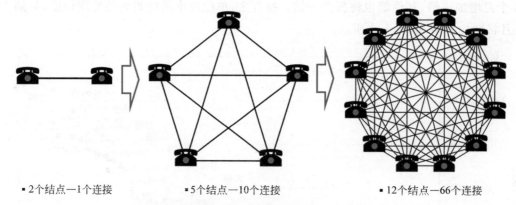

- 2个结点—1个连接   - 5个结点—10个连接   - 12个结点—66个连接

图 1.5　网络的价值与结点数的平方成正比

的用户使用；今日头条推出极速版①，投入大量资金让大家推广和使用，就都是培养使用习惯，把用户群体做大。平台上聚集的用户越多，平台就能创造出更多的价值，从而超越竞争对手。

3. 吉尔德定律

吉尔德定律(Gilder's Law)又称为胜利者浪费定律，由乔治·吉尔德提出，其含义是：最成功的商业运作模式是尽可能使用价格最低的资源，从而节约和保护更昂贵的资源。

例如，最成功的商业公司：谷歌，它使用了当今极其便宜的计算资源——上百万台服务器，尽量节约相对更贵的人力资源。这种模式使得谷歌用6万名员工创造了1000多亿美元的营业额。再如，带宽的成本随着日渐强烈的用户需求急剧下降。不远的未来，人们因为每时每刻都有网络连接而逐渐忘却"上网"之类的字眼。物联网时代，将会有更多的设备上网。到那时，在无人超市购物可以刷脸付账、通过手机可以控制家里所有的电器。万物互联的时代已经翘首可待。

摩尔定律、梅特卡夫定律与吉尔德定律常被合称为"互联网三大定律"。除此之外，还有以下3个定律也深刻地反映了数字化和互联网时代事物的发展规律。

4. 反摩尔定律

反摩尔定律是由谷歌的前CEO埃里克·施密特提出的：如果反过来看摩尔定律，一个IT公司如果今天和18个月前卖出同样多的、同样的产品，它的营业额就要降低一半。换种说法就是：计算机和新科技公司的产品，每18个月价值就会降低一半。一个典型的

---

① 今日头条极速版App只保留了全功能版本的新闻和视频两个栏目，另外还可以通过完成任务和阅读新闻赚钱。

案例就是诺基亚,在智能手机技术快速发展的过程中,诺基亚还固守功能手机的技术,没有推出新的技术产品,很快就被市场淘汰。在竞争更加激烈,发展节奏更快的互联网行业,一个功能不变的产品,每 6 个月价值就会降低一半。

反摩尔定律还为新兴的创业企业指出了发展空间,虽然现有市场中成熟的巨头公司占有了很大的市场份额和客户,但是革命性的创新和技术的快速发展,使得创新型的中小公司能够发现生存机会,从而颠覆传统企业。苹果在 2007 年推出的 iPhone 就是一个全新理念的全屏幕无键盘手机产品,颠覆了当时众多手机巨头,成为新的行业领导者。

5. 安迪比尔定律

安迪指的是 Intel 前 CEO 安迪·葛洛夫,比尔指的是微软创始人比尔·盖茨。安迪比尔定律(Andy and Bill's Law)指出,无论 Intel 推出多快的新硬件,都会被微软新的软件消耗掉增长的硬件性能。

该定律描述了硬件生产商和软件生产商之间的关系。根据摩尔定律,计算机处理器的速度、内存和硬盘的容量虽然每 18 个月翻一番,但是微软的操作系统等应用软件也越做越大,对硬件的要求越来越高。所以,现在的计算机虽然比 10 年前快了 100 倍,运行软件感觉上还是和以前差不多。其负面影响是如果不更新计算机硬件,现在很多新的软件就用不了,或者速度很慢,体验很差。

对于手机来说,也是这样。App 一直在更新,功能越来越多,界面也越来越华丽。这就导致 App 越来越大,占用的内存更多,需要升级手机硬件。手机操作系统也一样,旧的手机使用新的软件和操作系统,体验会很差。全世界的手机平均更换频率是 21 个月,而且年轻人手机更换频率会更高。

6. 基因决定论

一个在某个领域很成功的公司,它的企业文化、业务模式和流程、市场定位会优化得十分适应这个市场,这种获得成功的内在优势会深植于企业各个环节,成为这家企业的基因。但企业的基因也使企业跨领域发展受到很大限制。例如,中国互联网巨头 BAT(百度、阿里、腾讯)中,腾讯善于社交,阿里善于电商,百度善于搜索。但阿里尝试做社交、腾讯尝试做电商都以失败告终。企业基因在某个领域进化达到最优后,很难适应其他商业领域的竞争环境。

另外的例子是 2007 年问世的苹果手机 10 多年前抓住了从功能机到智能机的革命性创新机遇,超越了诺基亚和三星,2018 年市值曾经达到一万亿美元的顶峰。但苹果越来越难于推出具有独特创新的技术和产品,正在被其他竞争对手追上。其已经固化的基因在当下新技术频繁推出的时代显得力不从心。在当今硬件材料、人工智能、5G 等技术快速迭代的时候,下一个智能终端的风口的领导者也许不再是苹果公司。

1.2　企业信息化到数字化的升级

从 PC 互联网时代到移动互联网时代,再到未来的数字化时代,企业在不断面临新商业模式、新技术、全球化的挑战。在移动互联和数字化经济体系中生存和发展,企业必须建立以下 3 方面的核心能力:"差异化、快速反应、高效运营",如图 1.6 所示。

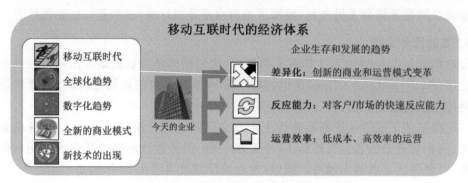

图 1.6　当今企业面临的挑战和需要的竞争力

差异化:开创新的业务模式和商业价值,旧的模式将被快速颠覆。

反应能力:企业必须有敏锐的市场洞察力,并且能够对市场机会、客户需求和竞争对手做出快速反应。

运营效率:高效率和低成本是企业永恒的追求,只有应用新的技术和创新,才能持续优化。

1.2.1　企业信息化回顾

过去 20 年企业"信息化"取得了很大的进步,企业建立了财务系统、客户关系系统、供应链系统、办公系统、ERP 系统等,大规模提升了企业的运营效率并降低了成本。信息化建设的特点有:

(1)以企业内部的需求为主,目的是提高企业内部运营的效率,但还不是"以客户为中心"。

(2)以内部流程优化和局部自动化为主,但还没有互联网化和平台化。

(3)能够提供数据分析和决策支持,但还需要人工决策,而不是人工智能决策。

信息化的普及造就了 IBM、惠普、微软、Oracle、SAP 等行业巨头,他们为企业提供软件和硬件服务并获得了巨大的商业成功。但未来的数字化时代出现的一批新行业领导者,将会是谷歌、亚马逊、阿里巴巴、百度、腾讯、华为这样的创新型公司。

信息化时代的主要理念和技术都是从国外传入中国,包括信息化使用的硬件和软件系统大部分都需要外国企业提供。国内企业只能满足中小企业和低端的一些信息化需求,对信息化要求高的银行、保险、石油石化、航空等大型企业都采购了 IBM、Oracle、HP、EMC、微软等外国公司的技术和服务。麦肯锡、埃森哲、安永、普华永道、毕马威等国外咨询公司也帮助很多大型企业规划和设计了企业业务架构和 IT 架构。国内的 IT 公司基本只能做最底层的代码开发和实施工作,整体的设计思路和整体架构还是靠上述的跨国公司。

信息化技术更关注企业内部生产效率和管理效率的提升,但数字化时代更要注重对客户的洞察和贴心的服务体验。随着中国互联网(特别是移动互联网)的爆发式发展,以及新时代"四大发明"——电商、高铁、电子支付、共享单车的出现,中国在互联网商业模式和技术应用方面已经追上发达国家。阿里、腾讯、百度、京东等互联网巨头已经不满足自己的快速发展,而是通过平台赋能和技术输出,建立更高维度的生态体系。互联网行业最佳实践的缔造者和创新者开始帮助中国传统企业实现数字化转型,成为技术服务行业新的挑战者。信息化和数字化时代的对比见表 1.1。

表 1.1　信息化和数字化时代的对比

时代 特点	信息化时代	数字化时代
时间	国外:20 世纪 60～70 年代开始 国内:20 世纪 80 年代开始至今	国内外:21 世纪 10 年代
理念	以满足企业管理功能需求为主,提高运营效率	"以客户为中心",优化客户体验和历程,全业务数字化
应用技术	硬件:大型机、小型机、网络设备 软件:业务系统、财务系统、ERP、办公软件等	云计算(SaaS、PaaS、Iaas)、互联网、大数据、AI、IOT、5G 等
领先服务商	IBM、Oracle、EMC、惠普、微软等	阿里、华为、腾讯、京东、微软、谷歌、亚马逊

1.2.2　数字化转型的本质

当今企业的外部环境在迅速互联网化和数字化,倒逼企业不得不进行转型,否则会因为无法与外部的行业生态对接、无法满足生活习惯转变的客户而被淘汰。传统企业的商业模式更加关注成本、质量,而新的商业模式更关心的是个性化的用户体验和服务、时效性和便利性。所有新的产品或商业模式基本都围绕这些方面展开创新。

企业数字化的一个重要能力就是连接能力:连接你的客户,连接你的外围生态,形成一个生态共同体和协同体。数字化能够实现"万物的连接"和"世界的数字化"。对物理世界的完全数字化模拟和仿生被称为数字孪生(digital twin)。数字孪生是充分利用物理模型、传感器识别、运行历史等数据,集成多学科、多物理量、多尺度、多概率的仿真过程,在数字虚拟空间中完成映射,从而反映相对应实体的现实行为和全生命周期过程,能实现从产品设计、生产计划到制造执行的全过程数字化,将产品创新、制造效率和运行水平提升至一个新的高度。

数字化的本质是打破物理世界中所受空间和时间上的约束,通过数字化平台跨越过去、现在并预测未来,足不出户就能掌握企业产品和服务的一切情况。就好比一天 24 小时,每秒都给企业照全身 CT 片和血液化验,并实时地进行自动体检和未来疾病的预测,一旦发现问题,就及时诊断和治疗。数字孪生集成了物联网、5G、大数据、AI、云计算等最新技术,实现了基于数据的、自动化的智能决策。Gartner 预测,到 2021 年,有 50% 的大型企业都会使用数字孪生,并使之成为核心竞争力。数字孪生示意图如图 1.7 所示。

图 1.7　数字孪生示意图

过去 20~30 年的信息化可以看作企业内部流程的数字化,为很多企业打下了很好的基础,但是距未来全面的数字化还有很长的路要走。数字化绝不仅仅是技术的升级,而是企业业务和技术全面的转型。IDC 认为数字化转型分为 5 个重要维度,分别是领导力转型、全方位体验转型、运营模式转型、信息与数据转型、工作资源转型。

各个企业将会以数字化转型为核心重塑组织架构,管理层将发挥他们在数字化时代的新作用,成为企业数字化转型的主导;利用互联网化平台对产品研发、设计,进行广泛的客户意见采集,并且将数字化技术与产品融合,在产品智能化的基础上提升客户使用体验与服务质量,增加售后服务市场收入,实现产品服务化创新;数字化技术的发展将促进全面的运营模式转型,打通产品研发与产品生产,乃至最终用户的闭环,并且实现可视化的管理和物流;利用物联网技术与基于大数据分析的场景感知升级、改造运营流程与模式,通过信息技术与运营技术的集成提升企业的运营效率,缩短响应时间;通过供应链、工厂运营、产品与生命周期间的集成,获得新的商业价值;通过智能制造、物联网、机器人以及3D 打印等新兴技术与生产的结合,提升生产效率,降低生产成本。

如图 1.8 所示,数字化不是对现有业务流程的 IT 化,而是对流程简化、客户体验和交互的互联网化。具体体现在数字化客户、数字化洞察、数字化 IT 和运营、数字化文化和人才、数字化组织和治理等方面。

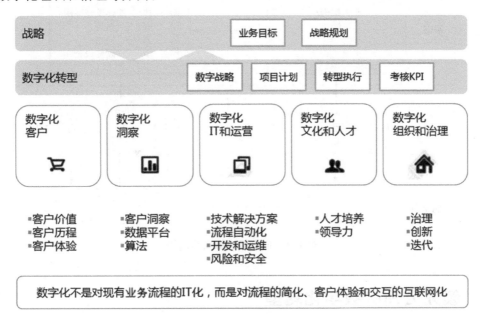

图 1.8　数字化转型框架

很多咨询公司调查表明,80%～90%的企业都亟需数字化、智能化转型,但是有能力完成转型的企业只有 10%。大部分企业还在探索数字化转型的方法和找切入点。数字化转型 IT 主要的工作有:计算能力的云化;系统功能的服务化;业务流程的平台化。最佳的方法是先设计整体数字化企业架构,厘清未来转型的目标和路径,再通过新技术的引入和快速迭代逐步建立数字化能力和团队。后续章节会围绕企业架构和数字化深入分析实施方法、技术应用和转型案例,帮助企业管理者和运营者在充分理解的基础上开展数字化转型历程和项目。

如图 1.9 所示,企业架构由"业务愿景"与"IT 战略"两部分组成。无论是信息化时代,还是数字化时代,企业架构方法论都是企业转型最佳的方法论。只有从业务、IT 两个方面全面规划和设计,协调演进才能实现企业战略目标。具体的企业架构方法论和数字化转型的应用第 4 章会详细介绍。

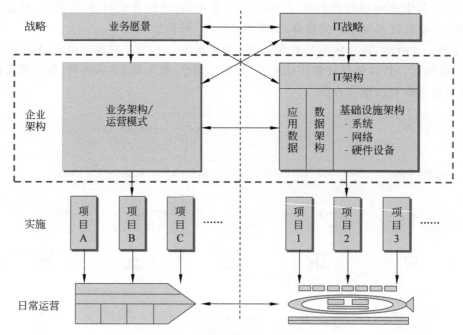

图 1.9　企业架构组成示意图

1.3　领先公司的数字化转型

1.3.1　阿里业务和 IT 中台

　　阿里巴巴集团首席执行官张勇多次表示,"阿里巴巴永远是一家技术驱动、使商业有所不同、创造商业新赛道的数字经济体"。阿里已经形成一个横跨商业、金融、物流、云计算多个领域的独特的数字经济体,已经成为数字技术在中国过去十年巨大发展的典型代表。面向未来,这样一个庞大的经济体依然有无尽的想象力。"如今大家更多想到的是互联网对经济和消费的影响,面向未来的 10～20 年,数字技术和它所承载的新一代互联网,一定会对政治、经济、商业、人文、民生等产生全方位的影响"。

　　业务和 IT 中台的建立成为阿里巴巴成功的关键一步,其价值不是解决眼前的问题,而是应对未来更快的业务创新、更低成本的业务探索。中台是面向互联网企业新一代 IT架构的体系化建设,包括业务架构、组织架构和人员绩效多方面因素。阿里"中台"对公司发展的影响如图 1.10 所示。

　　阿里在 2005 年左右就开始建设的"共享服务中心"后来逐步演变为中台功能。"阿里

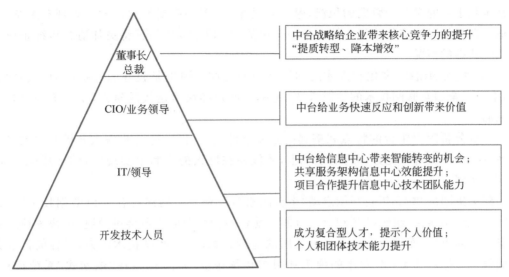

图 1.10　阿里"中台"对公司发展的影响

中台"实质是共享服务理念和企业级互联网架构的结合,与传统的"中台"概念有很大的区别。"中台"其实很久以前在 IT 规划和设计中就存在,特别是服务业和金融企业的 IT 系统都有比较明确的前台(销售和客户服务功能)、中台(风险和管理)、后台(后台业务操作)的划分。但阿里中台的创新之处在于以下 3 点:

(1) 把中台从传统的仅是 IT 系统划分的概念,扩展到组织和业务单元的范畴,建立了独立的中台业务单元,统一负责中台的业务运营和系统建设。

(2) 从客户体验角度开发中台功能,实现端到端的客户流程,而不是仅满足内部流程和功能的需要。

(3) 完全使用互联网开源技术和开发方式建设中台,消除了跨业务部门的烟囱式系统,分布式架构满足阿里指数型爆发式业务增长。

现在阿里业务中台的打造案例,已经成为业务运营和 IT 建设的最佳案例,互联网和传统企业都在效仿。但是,阿里中台的建设也具有其生长环境和特定的条件,生搬硬套是不行的。总结阿里中台架构的适应条件有 3 个方面。

(1) 阿里属于科技类公司,具有强大的自主开发能力。从底层的基础技术平台到业务应用系统,都自主研发,掌握核心技术。由于阿里采用嵌入式微服务集成,不需要第三方集成平台 ESB。但很多技术能力不足的企业,购买了很多商业产品软件,多个供应商之间的异构系统很难集成和打通,无法形成统一架构和技术规范的中台。

(2) 阿里历史遗留系统和数据少,可以很快地切换到新的中台。但传统企业有十几年甚至几十年的系统和数据的积淀,牵一发动全身,需要逐步地解耦和梳理现有系统,发展适合自身情况的演化路径。第 5 章中介绍的"双 IT 架构模式"将更加适合传统企业新老系统共存的情况。

(3) 强大的组织、文化和人才的软性能力的支撑。阿里是领导力和执行力很强的企业,汇集了全国互联网技术的顶级人才,充满了创新和快速迭代的氛围,是一般企业难以复制的。

初步分析阿里中台的特点和搭建的必要条件后,下面会进一步深入分析其发展过程和系统架构。只有在充分理解的基础上,才能站在巨人的肩膀上实现本企业的跨越式的数字化转型。

阿里集团从 2015 年底开始启动"中台战略",计划 3 年构建符合 DT(数据技术)时代的"大中台、小前台"组织机制和业务机制。前台的一线业务人员会更敏捷、更快速地适应瞬息万变的市场,而中台将集合整个集团的运营数据能力、产品技术能力,对各前台业务形成强力支撑。其实,2008 年的阿里和很多传统企业一样,也存在"烟囱式"系统架构。淘宝、天猫、1688 这 3 个电商体系都有自己的一套系统和支持人员。系统重复建设和维护的成本很高。IT 部门一直处于业务支持角色,被动地满足业务部门提出的各种需求。同时,数据也分散在多个系统里,标准不统一,很难利用。中台转型对于阿里也有很大风险,好比"给飞行中的飞机换发动机"。阿里 2009 年成立了共享业务事业部,将前台各业务线公用的业务沉淀,建立了用户中心、商品中心、交易中心、评价中心等十几个业务支持中心,如图 1.11 所示。

阿里共享服务中心包括以下 4 个方面。

1. 用户中心

阿里集团统一的用户体系,统一了各个业务线分散的用户体系,提供统一的用户数据、存储和服务接口。用户中心(UIC)构建了整个阿里巴巴集团统一的用户体系,统一的服务接口既简化了上层业务的使用,也方便了下游对用户的大数据分析。

2. 商品中心

淘宝有十几亿的商品,数据量大,数据架构复杂。商品中心(IC)的功能有商品创建和描述、商品多渠道发布、商品日常管理、商品巡检和审核、支持日常运营、营销活动的商品数据分析、商品评价管理。各个业务线都可以用商品中心快速建立销售商品体系。

3. 交易中心

交易中心(TC)是电商的交易业务领域的服务中心,包含交易相关的服务信息,如购物车、交易流程、订单管理、支持、结算、营销等。初期,淘宝的交易中心聚合了很多相关的业务服务,后来随着业务的发展,交易中心有了相应的调整,如后来拆分出营销中心。

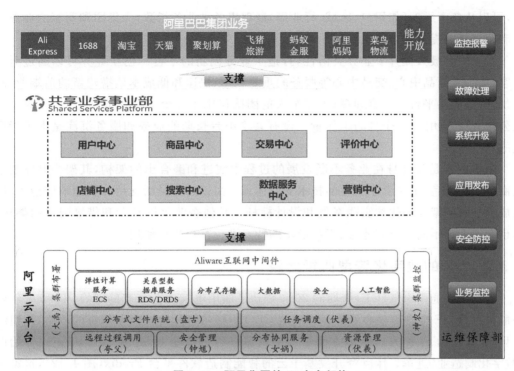

图 1.11　阿里集团的 IT 中台架构

4. 店铺中心

店铺中心(SC)承担了卖家店铺管理、店铺装修、店铺生命周期管理、店铺日常管理等业务,在店铺体系向外开放后,发展成为全新的店铺装修服务商生态体系。

中台战略采用分阶段实施的方法,在第一阶段的 4 个中心建设完成后,后续又搭建了搜索中心、营销中心、数据服务中心等。首先从用户中心建设开始。因为客户是被上层业务调用最频繁的服务,最大效率节省开发和维护成本的同时,也最能验证出服务化后和系统解耦后给业务快速响应带来的效果。而且用户中心的业务复杂程度和重要性相对较低,可以测试新架构性能,降低项目风险。各个中心上线时都成立了专门负责该中心运营的团队,显著提升了对业务需求的响应效率。系统实现解耦后,服务的稳定性和可扩展性都得到极大的提高。淘宝平台每天发生的服务调用有几千亿次,也能够保证客户 200～300ms 的页面反应速度。

共享服务体系对于大数据体系建设也十分关键。共享业务事业部成立后,阿里开始打造大数据平台,基于共享业务事业部各服务中心的数据,快速构建了早期的淘宝指数平台,可以从各个维度(如用户、区域、行业等)展现出各种业务指数,为集团和商家的业务决策和营销策略提供有力的支持。

共享中台极大提升了业务灵活性,打造了业务创新的平台。创新业务可以通过对现有客户中心、商品中心、交易中心等服务的重复利用,快速和低成本地搭建新的前端业务。例如,阿里团购平台——聚划算,十几个人的团队仅用了一个半月就成功上线,完成了其他公司数百人团队、数个月的工作量。没有共享中台长期的业务和服务沉淀是不可能完成的。

阿里中台是其自身在业务不断发展的过程中演进和磨合出的架构,其架构既体现了电商的业务特色,也包含了完整的技术支持体系。由于其有灵活支持和快速响应能力,所以成为互联网架构的优秀实践案例和设计标杆。其他企业可以参考和借鉴阿里的架构,但也必须考虑不同行业和业务、组织形态的特点进行客户化后使用。

1.3.2　GE 的数字化转型曲折之路

韦尔奇在通用电气(GE)任期的 20 年创造了通用电气史上未有的辉煌,但 2008 年经济危机重挫 GE 金融等核心业务。当时的 CEO 伊梅尔特开始放弃韦尔奇的战略,从组织文化、业务结构、工作方式等多方面学习和借鉴硅谷创业企业,并从 2013 年正式开始向"数字化制造业"进军。斥巨资开发基于云的智能制造软件平台 Predix(图 1.12),这家工业界的百年老店计划到 2020 年成为全球的"十大软件公司"。

GE 看到了数字时代平台经济的发展潜力,很多传统企业,如制造业、航空、电力、石油等产业的企业,基础设施成本很高,如果通过智能制造技术帮助他们节约大量资金,就可以收取高额的回报。GE 看似很有前途的工业 4.0 商业模式,经营业绩却很惨淡。上百亿美金的投入,全集团的推进,每年的收入不到十亿美金。最终 GE 不得不出售糟糕的数字工业资产,CEO 伊梅尔特也被迫离职,GE 数字化梦想已经破灭。

当今商业应用场景下,传统的大企业在成本和速度方面的劣势尽显无疑。以往的优势反而成为新时代的弱势。相反,很多互联网创新企业能够在扁平、共享、开放的环境下快速崛起。正确的战略未必都能够实现,路径依赖和固有基因是失败的根源。GE 自我革新的精神和勇气值得学习,也成为数字化转型的前车之鉴。

数字化转型失败往往都不是技术层面的原因,技术仅是工具和手段,关键的因素仍然是战略规划和运营模式的转变。千万不要为了数字化转型而转型,商业的根本还是要洞察未来行业发展的趋势,建立创新且有生命力的商业模式。即使有正确的战略和目标,如何在组织架构、业务流程、实施推广等方面落地,也需要企业架构方法论的指导,通过业务架构和 IT 架构的"双轮驱动",才能达到预期的战略目标。

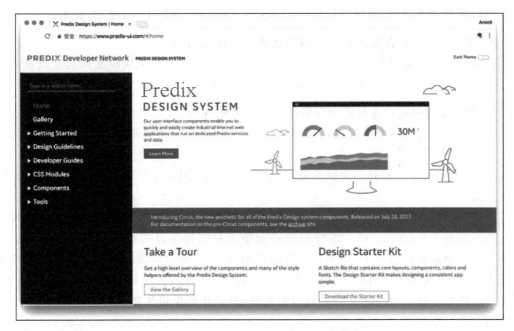

图 1.12　通用电气工业数字化平台 Predix

1.3.3　苏宁传统商业到电商的转变

苏宁业务规模高速增长,已覆盖零售、金融、文创、体育、物流等多个业态。在 2017 年大促销期间,苏宁易购业务实现了销售额 7 秒破亿的纪录,2018 年 4 秒破亿、50 秒破 10 亿,"双十一"当天销售额超过 200 亿。苏宁将信息化视为企业神经系统,集数据、语音、视频、监控于一体的信息网络系统,有效支撑了全国 300 多个城市、数千个店面及物流、售后、客服终端运作和十多万人的一体化管理。信息化连锁平台与电子商务平台实现了充分的"融合",不再割裂线上与线下,门店和其员工也融入电商运营。线下线上两个平台进行共享采购,又共同销售。传统的"苏宁电器"成功转型为"苏宁云商"体现在以下几方面。

1. 线上业务使货架无限延伸

由于卖场成本和场地的限制因素,利用线上便利的商品展示和渠道优势,可以发挥长尾市场的优势。线上长尾需求和单品销量不高的产品可以媲美甚至超出主流产品的市场份额,给苏宁的销售额带来指数级的增长。

2. 通过资源的共享,把传统成本中心改造成新的利润中心

苏宁在二、三线城市庞大的实体店体系,变型成为更多品牌的展示和广告宣传地点,这不仅能带来新的利润,而且促进品牌的多元化、规模化,降低了平均广告成本。

3. 线下的实体店在具备仓库的同时还拥有了体验功能

很多消费者还是倾向具有实体体验功能的商家。而苏宁的大规模实体店让其拥有京东、天猫等纯线上的传统 B2C 电商所不具备的巨大优势。

4. 数字化的物流业务有能充分发挥"零库存"的优势

苏宁易购拥有快递业务经营许可,投资 200 亿建立自己的物流体系,大大降低了库存积压,进一步降低成本。

同时,苏宁在全球拥有 5 个研发基地、10 大核心数据中心、4000＋系统、10000＋名 IT 开发人员。

零售新模式对苏宁中台的压力主要集中在多渠道拓展带来的流量、业务的复杂度以及促销节奏的变化(图 1.13)。零售的核心竞争力是销售渠道的拓展能力和供应链的保障能力。一个负责开疆扩土、一个负责保障供给,中台恰是这两端的枢纽。中台需要应对渠道变化、输出供应链能力的要求,中台的"承载渠道、输出供应链"核心职能更加凸显。苏宁多元化拓展自建渠道除了满足自身需要外,也逐步把渠道优势向外部商家开放,为商家赋能。

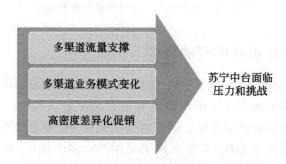

图 1.13　零售新模式对苏宁技术平台的挑战

- 线上渠道:苏宁易购、苏宁拼购、苏宁小店、苏宁红孩子等。
- 线下渠道:苏宁门店、苏宁超市、苏鲜生、苏宁小店、苏宁红孩子、苏宁极物等。

苏宁合作渠道拓展采用"强强联手、为渠道赋能"的策略,目前外部渠道的合作正在迅猛发展,线上合作渠道有天猫、达令家、当当等,线下渠道有大润发、欧尚、卜蜂莲花等。新渠道带来的流量非常明显,对中台提出更强的渠道承载能力和供应链输出能力。

促销活动也是业务重要来源,需要能够灵活变化,具有快速引流、锁定用户达成交易、满足用户高频的购买体验、使线上和线下充分互动的功能。未来大型促销频度会越来越高、促销节日也会越来越多。需要更高能力的中台保障频繁多样的促销活动。苏宁通过在服务能力、监控能力、问题响应能力 3 个方面的核心能力建设，支持了渠道扩展、频繁促销、"双十一"大促等的业务发展需要。

　　经验、资源以及合作伙伴网络是传统零售行业涉足电商时代的巨大优势。苏宁通过其经营了近 20 年的供应商规模成本优势，电商直销渠道使其拥有价格优势。其拥有的庞大线下营销网络以及渠道反而成为推动电商的独特竞争力。这是阿里巴巴构建大零售生态最想利用的资源，也是阿里巴巴入股苏宁的主要原因。

第2章

行业数字化转型

科技是第一生产力,数字技术带来新的应用和新的商业模式,众多的重大技术突破引发了连锁反应,导致很多行业充满了颠覆性的变化。"互联网+"已经成为政府推动产业升级、跨界重构的重要手段。互联网和传统企业都在更主动地寻找融合发展的机遇。当前十分火爆的"新媒体""新零售""新金融""工业4.0"都在引发产业链的变革。阿里研究院的报告指出,中国互联网经济整体呈现出三大显著特色。

(1)大而独特:中国7.1亿网民相当于印度和美国的总和,互联网程度深,eGDP高达6.9%,互联网巨头和独角兽在规模和数量上已与美国企业并肩世界前列,但中国互联网市场结构与美国相比差异显著,电子商务和互联网金融占比明显较高,互联网用户更年轻、更草根、更移动以及更"喜新厌旧"。

(2)快速发展:中国互联网增长速度全球第一,且仍然有较大的增长潜力;中国互联网新应用和服务的普及速度快,诸多新兴应用在中国的渗透速度远远超过美国,如移动支付规模已达美国的70倍。

(3)活跃多变:中国互联网经济活跃度较高,波动也较大。服务和应用变化节奏快,互联网行业风口现象更明显,高峰期企业数量更多,企业平均寿命更短。相应地,也更加容易"一夜成名"。

下面对数字经济中发展最快、影响力最大的一些行业和技术进行深入的分析和解剖,以理解这些新兴行业是如何运作的,借鉴他们发展的经验,从中得到启发和灵感。

2.1 广告营销行业数字化

传统的中国广告营销行业已经快速进入数字化(MarTech)营销时代。当下媒体环境正在发生巨变,其广度、速度超过很多营销人的想象。营销有一个基本原则:"企业的客户在哪里,我们的内容就要到哪里。"十几年前,大企业的市场部最擅长的是在央视黄金时间,如新闻联播之后做广告。一个广告可以触及全国上亿的大众群体。但是,随着客户接收信息的网络化、碎片化,线上媒体广告投放已经超越传统媒体,而且移动端的营销地位也超越了 PC 端。企业抓住目标客户的注意力越来越难。这些变化不仅带来传统媒体和新媒体定位的变化,也改变着营销的思维、技术和工作流程。

经过过去十几年的发展,人口红利和互联网流量红利逐步消退,营销资源和媒体平台的成本水涨船高,开始从过去的流量经济进入数据经济,必须基于数据不断地深挖用户价值,不断提升资产的变现效率。这一切必须有技术的支持,这个技术就是"营销科技"(Marketing Technology,简称 MarTech)。MarTech 代表了当今高度数字化商业世界中营销和技术的交集,通过创建、管理和使用数字工具,营销人员能够自动执行任务并制定基于数据的决策。MarTech 的一个重要目标是帮助营销人员发现并培育客户,提供个性化的客户互动,并评估营销活动的有效性。由于巨大的市场需求,MarTech 公司成为互联网科技领域中发展最快的一类公司。2018 年,北美有 8000 多家 MarTech 公司,中国估计也有 1000 多家,如图 2.1 和图 2.2 所示。

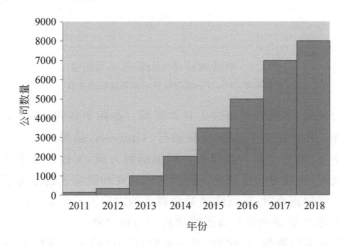

图 2.1　2011—2018 年美国 MarTech 公司数量统计

中国营销科技公司可以分为以下六大类:广告技术、数据和分析、内容和体验、互动关系、营销云、交易。现阶段广告技术和交易方面已经产生明显的营销效果;数据和分析贯穿在各个营销运营环节中;内容和体验、互动关系未来发展空间很大。

基于全媒体和碎片化营销需求,迫切需要多个媒体平台基于"人"的数据打通。通过技术手段,营销人员可跨设备、跨媒体识别独立消费者,继而实现面向真实的人展开营销,而不是广而告之的推广。基于个体"人"的营销是数字营销的理想目标,消费者各个渠道的与媒体接触和消费行为、交易数据和用户产生的内容汇聚在一起,通过营销技术识别真实的人,绘出用户画像、捕捉客户行为轨迹,推送个性化的营销内容。媒体和电商平台以

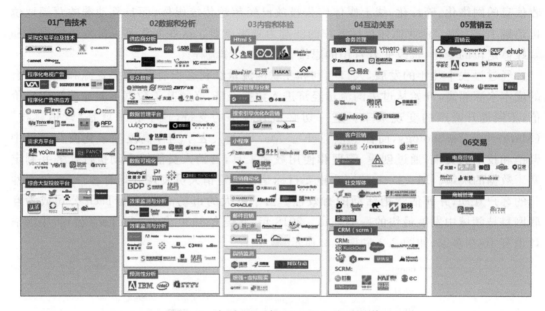

图 2.2 中国 2018 年 MarTech 公司图谱

资料来源：Marketer CMO 技术营销发展白皮书

数据打通和账号为基础，不断开放新的工具和资源。如阿里妈妈，自 2016 年年底提出全域营销的方案以来，相继发布了品牌数据银行、UniDesk、品牌号等一系列产品。其中 UniDesk 可以基于 ID 背后的真人数据更深刻地洞察人群，实施跨媒体频控和定向，投放后实现数据回流沉淀，实现更完整的全链路营销。百度和爱奇艺也推出了百爱计划，底层数据打通时间从天缩短到小时，这意味着对消费者的决策能产生更及时的影响。此外，京东通过"京 X 计划"也在推动京东与腾讯跨平台的打通合作。

企业自身积累的客户数据（也称为"第一方数据"）的信息量比较大，但有以下两方面不足：客户数据保存在营销系统 CRM、客服系统、财务系统和企业社交媒体等多个系统中，没有有效地打通这些应用，没有把客户的全部信息整合起来；企业自身积累的客户数量有限，如何通过现有客户数据推动业务新的增长成为难题。

为了解决以上问题，企业需要整合多方数据，激活现有数据价值，通过多方协作获得更多客户资源。营销技术领先的企业已经开始搭建客户数据管理平台（DMP），将 CRM 数据与第二方、第三方的数据以及媒介、消费大数据匹配，拓展人群洞察的数据维度，通过相似度 Lookalike 实现人群拓展。DMP 平台整合了线上广告人群＋线下进店人群的第一方数据，能够提升转化率，降低获取销售线索的成本。当企业"数字用户"成为重要资产的时候，对数字用户的管理和资产的保值增值将成为重要的工作。

营销数字化能够解决市场营销长期以来一直存在的一个难题，"企业知道有一半的营销费用浪费了，但不知道是哪一半"。数字营销行业也需要面对投资回报率（ROI）以及新形势下一系列问题。

互联网、移动互联网的人口规模红利逐渐消退，媒体方流量获取、留存成本的上涨对营销 ROI 提出了更大的挑战，寻找流量洼地的机会也越来越少。

在互联网的下半场，简单粗暴买流量的思维已经过时，广告主更应该在精准化、精细化运营的方向上找出路，如挖掘核心用户的价值。

媒体格局马太效应凸显，资源、流量、广告预算向头部平台、内容聚集[①]。头部资源成本不断提高，如何评估头部资源的价值并充分利用，是确保 ROI 的重要挑战。

众多数字营销手段的有效性问题。随着广告主投入越来越大，广告主对数字营销的有效性存疑，一直是比较大的挑战，用户转化、数据透明性、效果归因等都是数字营销要面临的问题。

华扬数字营销研究院认为：ROI 是营销人应该面对也必须面对的挑战，在新形势下有一些问题可以得到改进，如通过引入机器学习的方式优化媒介投放 ROI，提高数据透明性、控制欺诈，并且改进和建立客观的广告效果评估的 KPI（关键绩效指标）体系。

反欺诈技术能力的升级、媒体数据的不透明也需要通过提升数据监测和评估的能力解决。例如，阿里巴巴集团引入独立第三方公司做广告投放的监测和审计，其他大平台（如微信）也有类似的合作，数据透明性正在改善。再如，腾讯灯塔与多家第三方合作成立广告反欺诈大数据实验室，提供了反作弊相应的解决方案，如用户群体数据检测、用户行为特征分析等低阶方式，以及"终端特征分析＋云端交叉验证"的高阶模式。不少第三方公司也陆续推出反作弊模型，为打击黑产提供技术支持。

总之，Martech 出现的背景就是因为企业与客户（或者潜在客户）的接触点已经向数字端转移。据统计，全球网民的平均上网时间已经达到 6 小时/天。所以，营销人员必须通过数字渠道接触和分析客户，这是营销人员需要技术的根本原因。根据 Forrester 调研发现，80.95％的受访者认为 Martech 能够提高营销效率，提升广告投放和购买转化率，掌握及分析用户的浏览习惯，有针对性地进行精准营销，如对营销的不同活动和物料、渠道进行有效管理。

54.7％的人认为可以帮助企业降低流量获取成本，从而知道推广的渠道中哪些性价比更高，也清楚知晓各渠道的获客比例，以便更科学有效地分配营销预算。

45.2％的人认为可以极大减少营销内部的重复性工作，提升内部的运营效率。

Martech 帮助企业解决的不仅是广告精准投放与程序化购买的问题，更多是帮助客

---

① 据艺恩发布的数据，2017 年新播网络综艺中，TOP10 节目的播放量占比达到 48％。

户的精细化运营。

通过技术的手段在正确的时间(right timing)给正确的目标客户(right targeting customers)投放正确的内容(right content)。

但数字化营销并不只是线上营销,线上营销也不能代表整个消费过程。将数字化和实体化相结合,保持线上线下一致的营销体验才是更重要的。只有通过数字化技术,才能打通线上线下,通过数字孪生完成统一营销视图和客户视图,从电商广告到电梯广告,再到新零售店体验,甚至是超市促销,所有这些都必须有连贯一致的数据联系,才能使品牌对当代消费者产生最有效的影响力。

2.2 客户服务和体验

改善客户体验为成功实施以客户为中心的战略的公司带来真正的价值。在整个行业中,满意的客户花费更多,对公司表现出更深刻的忠诚度,从而使得公司降低了成本,并提高了员工参与度。在价值创造和建立竞争优势的比拼中,提供数字服务和运营已经成为重塑各个行业客户体验的主要动力。随着像亚马逊、苹果和 Uber 等数字化企业不断通过提供简单、直接和个性化的体验而不断重塑自己,甚至传统的企业,如在机械、汽车、钢铁等行业的很多企业也都在大胆采取行动,建立动态的共享数字生态系统圈。

在头狼效应的激发下,只会有更多的企业开始实施数字化项目。在线客户期待在 1 分钟或 2 分钟内获得帮助,了解已经销售产品的使用情况,可靠的在线评论以及用户推荐。客户对优质服务的期望越来越多地推动数字解决方案落地。梳理跨多个部门不全速的业务流程、优化端到端的运营模式、促进客户购买产品或服务的体验都是客户历程优化的方面。从领先企业的数字化转型中总结的提升客户体验关键的 3 个成功因素为:数字化客户体验设计、客户洞察速度和灵活度、客户体验转型的敏捷性。

1. 数字化客户体验设计

彻底重新思考客户体验的运作方式,而不是简单地解决流程的低效率。客户的需求和偏好是工作的切入点和持续的改善点,要不断根据客户的反馈进行测试和迭代。可以使用重新设计的系统原型,让客户试用和体验,以获得更具体的实际使用感觉和直观体验。数字化的目标就是利用最新技术改进客户流程体验,通过自助服务、自动化处理、智能服务等手段改变费时费力、手工的旧流程。对于"千人千面"的个性化营销和服务方面,AI 已经在逐步代替人工操作,智能和自动生成广告图片、显示帮助信息、回答客户的问题。企业数字化转型后,客户的体验应该能够像网上购物和网上社交一样方便,使客户体验从传统企业向互联网企业靠齐。图 2.3 是客户体验设计示例。

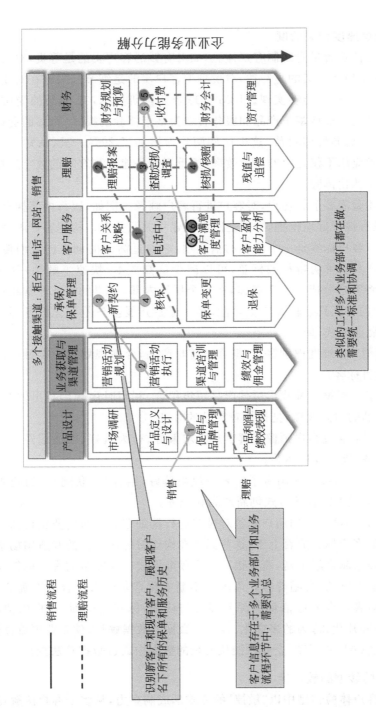

图 2.3 客户体验设计示例

2. 客户洞察速度和灵活度

企业必须为消费者量身定制客户体验,如对有钱的客户卖的是尊贵,对没钱的客户卖的是实惠,对享受型客户卖的是舒适,对挑剔型客户卖的是细节。只有在对企业客户充分了解和洞察的前提下,才能够实现。IBM 全球企业调研显示,有 54％的受访高管认为客户的购买行为已经逐渐从基于产品和服务转变为基于体验的模式;71％的受访 CEO 计划把客户当作个体,而非群体对待,这个比例两年内增加了 29％。云、认知计算、移动和物联网等数字技术应用不仅是提升企业效率,更重要的是建立与客户的数字连接方式,为客户创造最佳的个性化体验。

优化客户体验需要了解客户,对客户进行客户画像。例如,银行内部拥有庞大的高价值数据,但还没有被很好地挖掘,数据之间没有建立关联关系。构建客户画像就是为客户打标签的过程。客户标签是一个浓缩的信息项,它通过简洁的词汇向人们传递其背后的特征信息。客户具有鲜明特征的标签,可以减少认知成本,快速了解某一群体的特征信息。客户画像将客户分成一个个群体,在每个群体内部,客户的特征非常相似;而群体与群体之间,客户的特征具有较大的差异性,客户标签开展客户差异化服务,并拓展新的以客户为中心的展业模式,如

- 精准营销:多维度识别客户,整合渠道与产品,合理规划客户接触点,在广告推送中直达目标客户。
- 交叉销售:根据经验找出最佳产品销售组合、利用时序规则找出顾客生命周期中购买产品的时间顺序,把握推荐产品的时机。
- 体验提升:通过客户画像了解客户需求偏好、行为偏好、渠道偏好,提供差异化产品及服务,提升客户体验。
- 产品创新:通过客户画像了解客户风险偏好,结合"互联网＋"的趋势,采用 App 以及线上线下结合的方式创新产品和服务。

如图 2.4 所示,可以利用用户标签对客户进行精细划分。对商业银行而言,基于客户特征集合形成的客户标签成百上千,这些标签在构建时的业务目的和适用场景各有不同。随着应用标签场景越来越丰富,商业银行也会逐渐形成一套完整的客户标签体系,但这个体系一定是动态调整的,会随着客户需求的不断变化推陈出新。合理准确的客户标签背后是商业银行对客户全方位信息的深入理解与认知,标签越全面,客户画像越清晰。同时,客户时间的碎片化、行为的多变化、客户大数据的数据爆炸,使企业更难读懂客户。只有依赖人工智能(AI)的帮助,企业才能从海量的数据中通过数据算法挖掘客户洞察力。

3. 客户体验转型的敏捷性

在数字化客户体验转型中以"敏捷"的方式形成洞察力,从多个客户接触点(如网络媒

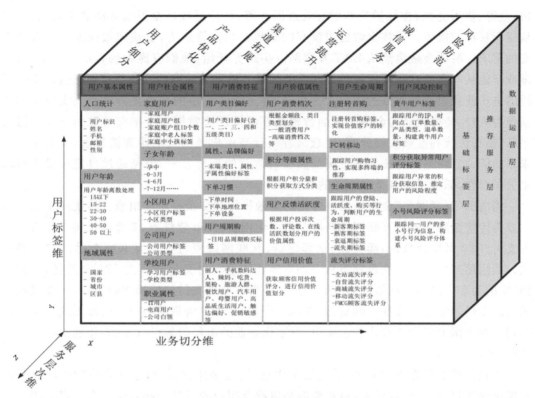

图 2.4 利用用户标签进行精细的客户细分

体资源、设备、呼叫中心和分支机构)进行深入的用户体验评估。敏捷是指及时、全面获取客户体验的数据,通过分析工具和模型算法了解体验的状态和问题,迅速调整设计和系统功能,迅速上线获得新的客户体验数据,进入下一个迭代过程。

2.3 新科技金融

随着移动设备的普及,人们的大部分金融活动已经迁移到线上。而随着云计算成本的降低和数据分析技术的提升,新兴的互联网金融公司对用户的黏性和行为的理解已经超越传统金融企业。新兴的科技金融(FinTech)公司以其对移动端客户的触达能力,对数据的洞察力,快速敏捷的开发能力,在极短时间内快速增长。从支付业务、信贷业务,到财富管理,再到保险业务,科技金融的崛起对整个金融行业产生了冲击。而 P2P、现金贷等行业的风波,也反映出快速发展中的科技金融的风险。

科技金融创新者利用互联网和移动技术以及大数据创新了一系列工具和服务:支

付、众筹、货币兑换、在线借贷和财富管理服务等,目标是提高金融服务的效率,改善客户从银行获得的服务。科技金融公司没有旧的包袱和监管压力,更快速敏捷地发掘客户多变的需求。科技金融浪潮从 BAT 互联网巨头跨界开始,他们有庞大的客户群和资金,顺理成章地从原有的互联网领域扩展到金融领域。最先被颠覆的领域是移动支付。支付手段的进步使获得金融服务的效率大大提升,并支持了更多的商业创新机会。支付宝和微信作为入口,使得大众的金融交易的数据被互联网巨头掌握。金融交易数据不再被银行垄断,银行传统利益被大幅分流,更意味着银行与用户及商户的距离被拉远,失去了引领未来的能力。新兴的科技金融公司虽然没有海量的现有客户,但是通过自建场景或与场景公司合作,抓住了众多金融服务的机会。

当前的"互联网+"金融格局由传统的金融机构和非金融机构组成。传统的金融机构主要为传统金融业务的互联网创新以及电商化创新、App 软件等;非金融机构主要有第三方支付、P2P 网络贷款、小额贷款、众筹融资、互联网投资理财和互联网金融门户 6 种模式。我国第三方支付正在迅猛发展,2017 年整体的支付交易规模为 124.7 万亿元,其中PC 端的为 26 万亿,移动端的为 98.7 万亿,呈现出移动支付规模暴增的特点,可以说我国居民的支付习惯正在改变。网贷、消费场景分期、车贷等借贷的细分领域都涌现出了上市公司。在中国无抵押消费贷款市场中,数字化企业的市场份额已从 2013 年的 1% 飙升至2016 年的 25%。

相比传统银行提供的服务,采用数字化技术、数字化营销、数字化客户管理的互联网金融企业不仅更高效、低成本,最重要的是更符合用户的习惯。随着银行金融媒介职能的削弱和部分替代,相应的收益自然也会被分割。传统的金融机构看到客户从线下到线上"迁徙"的这一趋势,也在尽可能地改变自身的商业行为,以便满足客户与机构线上互动的需求。传统银行意识到数字化转型确实迫在眉睫。无论是寻找新的业务增长方向,还是客户习惯的改变,都迫使银行不得不寻求数字化转型。表 2.1 显示了新技术对中小银行带来的影响。

表 2.1 新技术对中小银行带来的影响

中小银行的现状	新技术的影响
<ul><li>经营范围受限,规模有限</li><li>经济发展速度放缓,资产收益降低</li><li>业务受到互联网金融的冲击,客户流失</li><li>人才、技术、客户有限</li></ul>	<ul><li>移动互联改变用户习惯</li><li>社交化:社交即业务</li><li>云计算成为新的 IT 基础设施</li><li>大数据应用和创新</li><li>人工智能开始广泛使用</li></ul>

随着科技变革式的发展,大数据、人工智能等信息技术的广泛应用和迭代更新,金融

行业发展的聚焦点转移到了金融科技上,金融科技已逐渐成为推动传统金融转型升级的核心驱动。根据普华永道发布的《2018 年中国金融科技调查报告》,受调查的传统金融机构表示,"运营效率提升""提升客户体验"和"产品与服务创新"分别是数字化为其带来的最大回报。

金融云市场方面,银行纷纷建立科技公司,兴业数金、融联易云、招银云创、建信金融、民生科技等银行科技公司已经开始在银行云计算方面发力。目前的"金融云"市场主要存在两个发展方向:一种是以往从事金融服务的传统 IT 企业,其开始利用云的手段改造传统业务,实现自身的"互联网化"转型;另一种是互联网云计算企业借助自身的技术优势,积极地向金融行业拓展。

金融行业上的云现状可概括为两方面:一是互联网金融和辅助性业务优先上云,互联网金融系统包含微贷、P2P、消费金融等相关业务,由于其系统需要新建,历史包袱相对较轻,并且天然的互联网业务特性也比较适用于云计算相关技术;而辅助性业务系统安全等级较低,系统问题不会导致巨大的业务风险。二是不同类型的金融机构对云计算的应用路径存在较大差异,如大型银行由于传统信息化基础设施投入大、有专职技术部门、安全要求更加谨慎等原因,一般选择沿用采购软硬件产品自行搭建私有云并独立运维,而中小银行由于"缺钱少人"等原因一般不会选择私有云部署模型,更倾向选择行业云。

据罗兰贝格估算,预计中国至 2030 年,金融行业人工智能将带来约 6000 亿元人民币的降本增益效益。通过智能软件机器人,替代银行自动化烦琐的重复性手工操作,让员工从事更高价值的工作,显著提升操作效率,处理时间减少 30%～75%。适合人工智能处理的业务流程包括:

(1) 手工高频重复性操作,如财务流程中有高度重复的手工操作,耗费大量的人力和时间。

(2) 手工操作出错率高的工作,如手工处理单据存在较高的出错率,且获取的数据准确性低。

(3) 跨部门、跨岗位、跨系统业务的沟通与协调工作,如跨岗位的事务操作需要协同处理,沟通成本高且效率低下。

(4) 负责风险、合规性工作,受困于时间和人力,很多合规和分析检查只能抽查,有效性很低。使用人工智能后,可以对交易 100%全覆盖审核。

大规模获取新的大数据正在推动银行进行大刀阔斧的改革,银行业的创新速度正飞速提高。虽然充满挑战,但各家银行必须加快速度跟上创新的步伐,实现基础设施现代化,培养下一代技术的能力。银行在与互联网企业的竞争中倍感压力,在金融科技的浪潮下纷纷推进数字化转型工作。这个过程中首先要学习互联网企业,特别是学习百度、腾讯、阿里这些领先企业的经验。银行的能力是高度同质化的,但是各个银行之间的部门设置和职责边界都是有差别的,造成流程各不相同。银行的中台建设过程可能会更多地面向功能和流程层面,在流程与能力解耦的原则下,将流程分离成微服务架构层。剥离可通用的能力可以作为中台服务层,而不一定像阿里那样构建业务中台。互联网架构去 ESB 化并不意味着银行也都要去掉 ESB。在银行已经成熟的 ESB 集成环境中,如果没有超大的并发量和严重的堵塞,也就没必要去掉 ESB。

银行产品方面可以按较大的流程环节进行微服务切分,这种流程在不同的银行可能有差别。银行自己也可能会随着规模的变化、业务重点的变化而调整,其实"能力"变化不大,但是流程却可能变化较大。所以,将流程环节设计成一个微服务层,便于快速变化。把相对稳定的业务功能(如久期计算、缺口计算等通用功能)和评级计算、EVA(经济增加值)这些相对有变化但与流程分离的功能归集为中台服务。服务尽可能无状态,以方便迁移和改造。

银行学习互联网架构,还应注意企业的组织结构和文化的差别。互联网公司的中台是与其组织结构和企业文化共同成长的,如果想移植其模式并且发挥效果,首先银行内部的组织和文化要调整。数字化架构和技术也需要其生长土壤,这些都是银行在数字化过程中必须重视和认真思考的方面。

2.4　新零售

线上线下混合全渠道是未来零售趋势。近年来,中国网络购物迎来爆发式增长,移动互联网已经成为消费者购买产品的主要途径,超过90%的购买路径至少有一个数字化触点!消费者可以随时随地在网上浏览自己所需的产品,进而一键下单购买。高度碎片化的购物途径和海量的信息来源,使得消费者做出选择的时间成本越来越高。因此,无缝整合线上线下的数字化体验对未来的消费者至关重要。

对于商家而言,移动互联网也是零售商和品牌商打造无缝连接线上线下全渠道的第一选择。在渠道设计上,对不同品类要因地制宜,构建全面的线上线下整合型渠道是未来大势所趋,也是消费者亟待解决的需求。公司应通过洞悉消费者的体验和需求,构建与消费者生活

国内主要新零售代表企业

盒马鲜生:

盒马鲜生集效率、供应链、先进生产力和高频消费场景于一体,通过线上 App 融合线下超市,将"超市、餐饮、电商、外卖"合而为一;门店采用"前置仓＋线下体验＋线上展示"一体化形式,即买即烹。

每日优鲜:

每日优鲜是全品类精选生鲜,其"城市分选中心＋社区前置仓"的二级仓储体系,可根据订单密度在商圈和社区建立前置仓,覆盖周边半径三千米。目前,每日优鲜已在全国铺设了 6000 站点。

7Fresh:

7Fresh 是京东旗下的线上线下一体化生鲜超市,"超市＋餐饮"的形态,提供现场

方式相符的合理触点,确保实现渠道覆盖范围的最大化,形成"人货场"的闭环效应(图 2.5)。

加工的即食服务,自试业来,每日客流量、订单量均在一万以上。

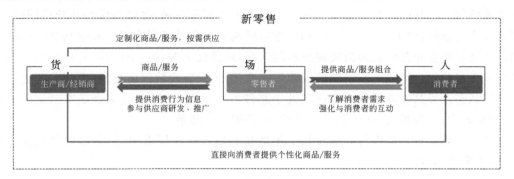

图 2.5　新零售的闭环

虽然现在传统零售还占据主要市场份额,但不断崛起的"新物种"将会颠覆旧的业态。这种现象已经在数码产品、图书、音乐等很多垂直消费领域发生了。因而,众多企业前仆后继进入新零售的推动力还是客户需求的转变。新中产阶级具有独特的消费主张,他们更加重视品质、消费体验和消费便捷。传统的门店已经很难满足他们的需求。

逐步成熟的移动互联网和物流供应链技术,使随时随地提供商品和服务,并满足碎片化购物成为趋势。新零售是基于技术升级,打通线上与线下渠道,重构"人、货、场"而形成的零售模式。

新零售情境下,"人"成为零售活动的核心要素,生产商与零售商的经营活动均围绕"人"展开。过去两年新零售领导者是盒马鲜生,不但被零售行业关注和效仿,而且在大众"朋友圈"里赚足了眼球。随之很多类似的商业实体快速跟进,包括永辉的超级物种、步步高的鲜食演义、百联的 RISO、世纪华联的鲸选、京东的 7Fresh、苏宁的苏鲜生以及美团的小象生鲜等。在探索新零售的道路上,这些企业打破传统零售的束缚,通过大数据、人工智能等新技术,重构"人、货、场"的商业元素,使购物打破了时间、空间的限制,形成"线上＋线下"全面融合、实时互通的新零售。

新零售概念的引领者阿里集团 CEO 张勇曾说过,新零售不是在超市里加几把椅子和桌子就能做成的。这正说出了阿里盒马模式的关键点,具体包括以下 4 个方面。

- 依托盒马门店,加大往线上引流的生意。
- 盒马门店不仅具备传统零售的功能,而且还为线上电商 App 提供仓储和发货的支持。
- 盒马门店还为淘宝系列网购 App 引流和协同。
- 门店的会员系统还可以圈住附近 3 千米之内的消费人群。

盒马门店运营一年后的业绩远远超出行业平均值,基本上就是用一个门店的成本做出了两个门店的业绩。这就是线下和线上必须同时发挥作用的原因,是对传统零售门店的最大威胁。盒马已经在全国一二线城市开始大规模地布局,在以门店为基础的同时,还开拓了盒马云超(线上超市)、盒马 SOS(虚拟便利店)、盒马机器人餐厅和盒马 F2 便利店,但这些新零售企业都面临如何实现盈利的问题,还都处于探索一个成功的商业模式,实现可持续发展阶段。即使是流量和模式领先的盒马,也只有少数门店盈利,大部分门店还处于亏损状态。而其他新零售企业已经处于恶性亏损状态,即运营的综合成本远远大于收入,规模越大,亏损越大,已经不可持续发展,必须寻求转型。

图 2.6 是阿里新零售行业的布局。虽然盈利模式还在探索中,但新零售已经是大势所趋,未来新零售的特点有:

资料来源:招商证券

图 2.6 阿里新零售行业的布局

(1) 去超市化:弱化超市的概念,少而精,降低超市品类的占比。更多强化餐饮和体验等新功能,成为彰显新的生活方式的场所。

(2) 餐饮化:成为体验经济的主要形式,各大新零售店都提供很有特色的餐饮服务,餐饮与超市商品的消费比例将达到 1∶1。

(3) 线上化:通过在线销售扩大单店营业额,阿里的盒马更是领先达到线上销售占比 50%~70%的超高比例。通过自家 App 或者第三方外卖 App 搭建在线销售平台。

(4) 重体验:从新颖前卫的门店设计和互联网技术的应用,强化到店客户的体验。不仅是销售商品的场所,更是传递生活理念和黏住客户的窗口。

(5) 快迭代:一反传统零售"几十年如一日"的稳健运营,"新物种"的互联网基因决定了快速迭代和进化的特点。针对市场热点和客户兴趣的变化,会快速做出反应和调整,这也是传统零售业最难复制的。

如图 2.7 所示,新零售的前、中、后台全链路开始融合和升级。在满足消费者多元需求的同时改善消费者体验,会实现全行业效率的提升,全渠道融合将成为整个零售行业的方向。

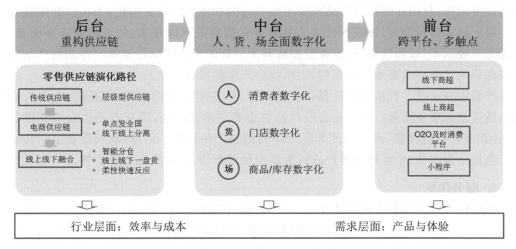

图 2.7 全渠道融合成为商超零售行业发展的重要趋势

2.5 物联网

物联网(Internet of Things,IoT)是通过网络、WiFi、GPS(全球定位系统)、射频等网络设备,把任何物品与互联网连接起来,进行信息交换和通信,以实现智能化识别、定位、跟踪、监控和管理的一种网络。物联网的概念是在 1999 年提出的。物联网就是"物物相连的互联网"。有两层意思:第一,物联网的核心和基础仍然是互联网,是在互联网基础上的延伸和扩展的网络;第二,其用户端延伸和扩展到任何物品与物品之间,进行信息交换和通信。物联网有许多广泛的用途,遍及智能交通、智慧城市、智慧政府、智能家居、工业 4.0、新零售、智能物流、智能医疗等多个领域。

通过物联网技术,企业产品和流程中的数据可以源源不断地被采集,使企业可以更方便地与产品和客户连接,开创了更多新的运营模式和商业模式。IDC 预测到 2020 年,60%的制造企业会使用物联网技术监控产品的性能和使用情况,从而促进产品的改进和提供更好的服务。物联网带来革命性的产品和服务创新体现在以下 3 个方面。

1. 产品创新

设计人员和技术人员通过物联网获取产品运营数据,进行产品优化和升级,并能够更快地开发新产品;通过嵌入软件的更新,能够快速升级产品功能。

实时的产品运行数据采集，不仅作为日常检测的用途，还可以对用户定位做出细分，从而获得不同年龄层、不同使用阶段等情况下的用户在使用产品过程中的时间段、偏好、场景以及动作，目的在于结合产品自身不断学习的功能更好地定制化，为客户群体服务。

对于许多公司而言，物联网已成为其数字化战略的支撑技术，是承载新业务的基础，如无人驾驶汽车、预测性维护、设备监控或基于分析的流程优化等业务。将创新产品或服务与创新的商业模式或盈利方式相结合，将会产生颠覆性变化。

产品创新改变了产品为用户提供价值的方式，它专注于功能，而不是技术，尽管它可能由新技术或服务发起。这意味着新产品将会有更多的功能，现有产品也会增加创新功能，让其变得更有价值，或者是变为完全不同的新产品模式。例如，农场设备上的传感器用于测量土壤水分，也可以让客户进行更好地种植和浇水，以提高作物产量。

2. 服务创新

物联网可以大大提升用户体验，企业可以随时随地与用户互动，并解决用户问题。服务创新改变了服务的方式、内容、时间以及服务对象，它增强了当前的价值，或创造了一个以前不可能的全新的价值，产品也可以转换为服务（如汽车制造商转为汽车租赁）。客户体验创新改变了"客户体验"，它重新想象客户如何使用产品或服务以及卖家如何创造价值；它使用收集的数据创建新流程、商业伙伴关系、组织和技术支持新的客户之旅。例如，预测性维护改变了技术人员和运营人员提供服务的方式。

3. 生态体系创新

物联网的广泛性和包容性决定平台的搭建和推广不可能只局限于单个公司，生态合作是物联网发展的基础。物联网规模庞大，又有碎片化的特点，这也使标准化十分重要。生态体系的参与者必须遵循物联网标准体系，以便支持和实现物联网领域跨行业的互操作性、安全性和可扩展性。

物联网的构建需要不同企业间的参与合作，每个企业必须根据自身不同的情况和原有的战略决定未来的发展方向。合作是生存之道，是大势所趋，只有合作，物联网连接下的产品才能给消费者提供更好的服务，才能给物联网提供更好的控制和运营，同时也才能使产品本身变得更好。目前国内比较主流的物联网平台有海尔的智慧家庭 U＋和"美的云"物联网平台。

1）海尔的智慧家庭 U＋

海尔的智慧家庭 U＋物联网平台是海尔全线家电产品接入的物联网平台，提供智能人机交互和多种场景应用。搭建了智慧生活平台的物联云和云脑，为行业提供物联网智慧家庭解决方案。海尔的 U＋ SDK 开发工具，可以让手机制造商、技术公司等深入控制海尔全线智能产品，为用户提供厨房美食、卫浴洗护、起居、安防、娱乐等全场景家庭体验，成为众多合作伙伴共赢生态圈,如图 2.8 所示。

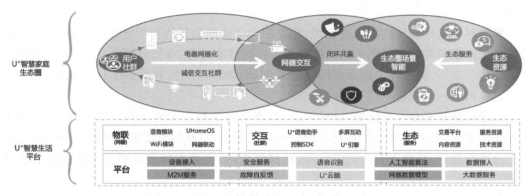

图 2.8　海尔的智慧家庭 U＋物联网开放平台

2) "美的云"物联网云平台

"美的云"物联网云平台主要解决的是海量智能硬件设备接入云端的问题,提供面向全球的设备接入、登录认证、安全传输、指令下发、状态上报等通信链路管理。目前,"美的云"IOT 服务可支持数亿台设备和数百亿条消息,并且可以对这些消息进行处理,并将其安全可靠地路由至目标结点和其他设备。

国内物联网平台的搭建者按商业模式主要可分为以下 5 种类型的企业。

第一类是运营商。国内三大运营商的物联网平台以 CMP(连接管理平台)为主,主要用于管理物联网卡、流量计费等功能。三大运营商的 CMP 合作方分别为中国联通和 Jasper、宜通世纪合作;中国移动和华为合作;中国电信与爱立信 DCP(设备连接平台)合作。

第二类是白色家电巨头,开发的物联网平台可以连接自己的产品并构建生态体系。在智能家居联网智能化推进的过程中,白色家电巨头出于自身发展的需要,纷纷推出物联网云平台,主要对自己品牌旗下的智能家居设备进行管理,布局智能家居市场。可以将白色家电巨头搭建的物联网云平台看作为已所用的私有化部署。

第三类是电商巨头。三大电商巨头的 App 分别为京东微联、阿里智能、苏宁智能。一方面是作为电商平台属性的第三方,突破各个家电厂家智能产品不兼容的问题。通过解决品牌产品难以协同工作,智能应用无法共享的问题,将多厂商产品集合在同一平台或 App 上;另一方面也帮助消费者从无数遥控器/App 中解脱出来,享受方便快捷的一站式智能生活。而对于各家厂商,加入京东、阿里和苏宁等物联网平台的强大销售渠道后能增加自身产品的销售,所以平台也很受欢迎。

第四类是 BAT 和小米平台搭建的物联网平台。阿里基于自身的传统云计算优势,已快速发展物联网技术,全面进军物联网市场。阿里云 link 作为其 IoT 开放平台已推出生活平台、城市平台以及商业共享三大平台,并与硬件厂商积极合作,快速构建生态,发展迅猛。

腾讯利用其社交属性切入物联网,建立了 QQ 物联和微信智能硬件两大物联网平台,巨大的用户数量和社交属性是腾讯物联网平台的核心优势,在微信平台上,设备厂家可以开通微信公众号,通过在公众号中的设备功能,将用户与其拥有的智能设备相连,每一个设备也将拥有一个微信 ID。

百度优势是其在人工智能、语音识别、深度学习等技术上的长期积累,已推出百度天工物联网平台,未来在其 IoT 平台上产生的海量数据,可利用百度深度学习以及人工智能的能力进行处理,开发强大的上层应用,在机器学习、大数据处理层面有可能超越腾讯和阿里。

第五类是第三方的物联网云平台公司,也是最具投资机会和投资价值的创业公司,如涂鸦智能、机智云、AbleCloud、云智易等。

物联网最大的机会在于它几乎涵盖当今生活中的一切,从鞋、帽、衣服到家居、汽车,再到工业生产等。物联网正在改变一切事物和一切体验,而其真正意义在于整合传统产业所碰撞出来的新的商业机会,也就是实现增值。

物联网的应用多元而复杂,真正的落地和推广需要寻找并运用对终端用户的效益,这就与商业模式有关系,也意味着新的商业机会。如何充分发挥数据的价值,如何提高生产力,如何有效满足广泛的服务需求,这都需要我们在模式创新上下功夫,以便更好地实现增值。物联网云平台从功能角度看,主要包含 CMP(连接管理平台)、AEP(应用支持平台)、DMP(设备管理平台)和 BAP(业务分析平台)四大平台,如图 2.9 所示。

图 2.9　物联网云平台的四大功能组成

CMP(Connectivity Management Platform)是连接管理平台,一般运用于运营商网络上,具体来说,连接的是物联网 SIM 卡。该平台可以实现对物联网连接配置和故障管理、保证终端联网通道稳定、网络资源用量管理、连接资费管理、账单管理、套餐变更等。

DMP(Device Management Platform)是设备管理平台,主要包括对物联网终端进行远程监控、设置调整、软件升级、故障排查等一系列功能,并通过提供开放的 API 调用接口帮助客户进行系统集成。可以认为 DMP 主要面向设备的开、关、停等基本状态的控制,或实时的物联网设备警告等不涉及物联网上层应用场景的设备管理。

AEP(Application Enablement Platform)是上层的业务使能平台。该逻辑层结合了上层的应用场景,为开发者提供成套应用开发工具(SDK)、中间件、数据存储、业务逻辑引擎、第三方 API 等功能。我们可将其理解为结合应用场景的系统开发平台。随着企业在行业中对业务经验、所涉及技术的持续积累,平台的竞争力将逐渐从连接能力转移到平台的多场景化的业务能力。

BAP(Business Analytics Platform)被称为业务分析平台。该逻辑层包含大数据服务和机器学习两个主要功能,将汇集在云平台的数据进行分析、处理,并将其可视化。而机器学习是将沉淀在平台上结构化和非结构化的数据进行训练,形成具有预测性的、认知的或复杂的业务分析逻辑,而未来机器学习必然将向人工智能过渡。

2.6　智能制造工业 4.0

新兴技术可能导致制造业回流到高收入国家,变相减少低收入国家的制造业发展机会,以低成本劳动力为主要竞争优势的发展中国家将面临严重风险。而希望重振制造业的发达国家也需要面对这样的问题:已经流失的蓝领工作岗位可能永远也不会回来。

制造业的未来是第四次工业革命的核心,带来无数机遇。尽管任何行业部门的转型都面临着挑战,但行业的成功转型有可能带来生产率、工作效率和质量方面前所未有的大幅提升。在全球范围内推广技术可以显著增强全球价值链的关联性,开拓新的数据驱动商业模式。此外,将新兴技术与人类技能相结合,不仅有助于提高生产率,降低错误率,还能创造新的就业机会,增加市场对高技能劳动力的需求。鉴于技术的发展增强了产品的灵活性与定制化水平,新制造很快会对全中国乃至全世界的制造业带来席卷性的威胁和席卷性的机会,所有制造行业面临的痛苦将远远超出想象,新制造为企业带来新机遇。"新制造"正是企业面临的新机遇。那些用了新思想、新理念、新技术的企业,一定会成为未来的赢家。"制造业不会消失,落后的制造业一定会消失"。

对物理世界的完全数字化模拟和仿生被称为数字孪生。数字孪生是充分利用物理模型、传感器更新、运行历史等数据,集成多学科、多物理量、多尺度、多概率的仿真过程。在数字虚拟空间中完成映射,从而反映相对应实体的现实行为和全生命周期过程,能实现从产品设计、生产计划到制造执行的全过程数字化,将产品创新、制造效率和有效性水平提升至一个新的高度。

　　数字孪生体是指与现实世界中的物理实体完全对应和一致的虚拟模型,可实时模拟其在现实环境中的行为和性能,也称为数字孪生模型。可以说,数字孪生是技术、过程和方法,数字孪生体是对象、模型和数据。数字孪生是一种仿真模型,随现实世界客体同步更新和变化,以获得更佳决策,并提高对系统状态的理解。数字孪生能用来模拟一个复杂的机器,例如,预测这台机器将如何回应特定场景的变化,以及如何最好地优化性能。总之,数字孪生将为企业提供应对变化、改善运营和增加物联网价值的功能。

　　工业 4.0 是制造业和工业面向未来的发展趋势,图 2.10 所示的 9 项核心技术是工业4.0 的发展支柱。这些技术目前已经应用在制造业中,但工业 4.0 将会把这些技术有机整合成完整的、智能的生产流程。这将改变供应商、制造商和消费者之间的关系,以及人与机器、机器与机器之间的关系。工业 4.0 技术将大大提升制造效率,推动制造业转型,改进劳动力就业结构,影响整个制造行业乃至国家之间的竞争格局。

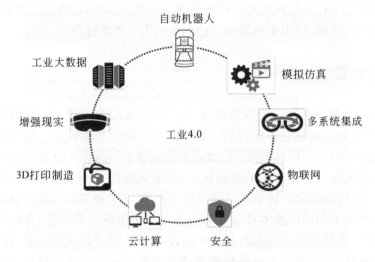

图 2.10　工业 4.0 新技术组成

　　新制造将会重新定义制造业,新制造业将会重新定义客户市场,重新定义供应链,重新定义所有的制造和商业的运营和服务,它是一场技术的革命,不是互联网企业和传统行业结合就是新制造,也不是一个产品中加上芯片就是新制造,定义新制造的标准在于:是不是按需定制?是不是个性化?是不是智能化?你知道你的客户是谁?你消耗的生产资料里面有没有数据?工业时代人类发明了流水线,可以规模化、标准化生产,数据时代同样可能也是流水线,但是流水线上却是个性化的生产。

　　工业时代考验的是生产一样东西的能力,而数据时代考验的是生产不一样东西的能力。以前高效的流水线 5 分钟可能生产 2000 件同样的衣服,而未来的目标是 5 分钟生产

2000 件不同的衣服。20 年以前人们穿的衣服是非常同质化的,而现在社会追求的是个性化和与众不同。按需制造的核心是数据,以前制造业靠电,未来的制造业靠数据,数据是制造业必不可少的生产资料。以前制造业的发展程度看电力消耗量,未来要看数据使用量和计算力指数。就像蒸汽机、石油改变手工业一样,IoT、芯片、人工智能、大数据、云计算这些新技术将会改变制造业的生产车间。

制造业和互联网企业现在各自发展,但未来需要完全打通,新制造业的竞争力不在于制造本身,而在于制造背后的创造思想、体验、感受以及服务能力。过去 10 年零售业面临的转型痛苦很快会降临到制造业,很多大的商业集团倒闭,大型商业中心、电脑城关门,这种变化也会发生在制造行业。

在"工业云"应用和推广方面,海尔、中国移动物联网公司、阿里云、浪潮等产业链各环节厂商纷纷搭建有自己特色的工业云平台。工业云平台体系结构可分为边缘层、IaaS 层、工业 PaaS 层和工业 SaaS 层,实现边缘层与云端协同发展是工业云发展的关键。边缘层包括设备接入、协议解析、边缘数据处理,IaaS 层构建工业云平台基础设施,PaaS 层构建可扩展的开放式云操作系统,SaaS 层则形成工业云平台最终价值。工业云平台承担自动化与 IT 对接的使命,工业网关在连接边缘层和云端方面起到至关重要的作用。

以云计算技术为基础建设的工业云正如火如荼地开展。2013 年,工业和信息化部确定北京、天津、河北、内蒙古、黑龙江、上海、江苏、浙江、山东、河南、湖北、广东、重庆、贵州、青海、宁夏 16 个省市区开展首批工业云创新服务试点。自 2014 年起,各地政府主导的工业云平台也相继建立起来,如北京工业云服务平台涵盖云设计、云制造、云协同、云资源等六大服务模块,提供企业设计、制造、营销等多种工具和服务,帮助企业解决研发效率低、产品设计周期长等多方面问题。此外,各企业也在积极拓展工业云布局,向社会提供工业云服务。

工业云在未来的发展中将进一步与工业物联网、工业大数据、人工智能等技术融合,并深化在工业研发设计、生产制造、市场营销、售后服务等产品全生命周期、产业链全流程各环节的应用,迎来工业领域的全面升级。

2.7　智慧城市和政务数字化

智慧城市指以物联网、云计算、宽带网络等信息通信技术为支撑,通过信息感知、信息传递及信息利用,实现城市信息基础设施和系统间的信息共享和业务协同,提高市民的生活水平和质量,提升城市的运行管理效率和公共服务水平,增强经济发展质量和产业竞争能力,实现科学发展与可持续发展的信息化城市。交通、治安、环境、公共服务构成智慧城市建设的主要版块,各司其职同时又相辅相成,如图 2.11 所示。在网络和信息技术支持下,共同维护城市稳定有序的社会环境,推动加速智慧服务产业的发展,使城市科学化、安全化、生态化、高效化运行。

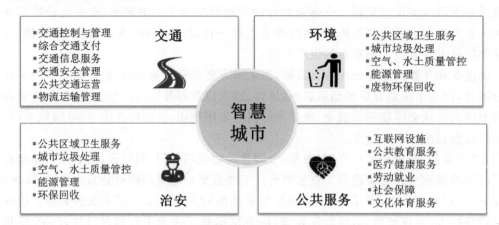

图 2.11 数字化智慧城市建设涉及的主要城市功能

目前城市管理存在如下问题。

- 业务分散,信息打通难度大:城市管理的各项内容分散在各分管部门,信息共享不充分,无法统筹化管理。

- 问题导向式工作,处理应对具有滞后性:多采用事后应对的方式,对不构成问题的城市现状缺少监测,导致问题发生时认识不足。

- 时间、空间粒度上受到限制:空间粒度局限于行政单元,时间粒度依赖于官方统计调查工作,对城市管理的细节问题掌握能力不足。

- 高度依赖人工,成本高,工作效率受限:业务处理以人工为主,投入人力成本高,流程多、处理难度大,效率较低。

智慧城市作为信息化与城市规划、服务、管理等相融合的产物,在持续建设过程中能够切实推动城市发展模式的转型、产业结构的升级以及民生服务水平的提升。智慧城市作为推动城市转型发展的重要方式,在全球范围内已经开始积极实践。虽然我国智慧城市建设相对较晚,但在政府的大力推动以及 IT 行业的支持下将会呈现快速的发展态势。2016 年 11 月,国家发展改革委、中央网信办、国家标准委联合发布《关于组织开展新型智慧城市评价工作实务　推动新型智慧城市健康快速发展的通知》,同时下发《新型智慧城市评价指标(2016 年)》,用以监督和指导新阶段智慧城市建设,《"十三五"国家信息化规划》也将智慧城市建设列为 12 项优先行动之一。北京、杭州、上海、重庆、广州、深圳、武汉等城市也纷纷出台新阶段的规划,持续推动智慧城市的建设。据统计,全球现在有 1000

个智慧城市在建或启动建设,其中一半在中国,中国成为全球最大的智慧城市在建国家。中国的城市化速度、先进的技术应用和政府重视程度为智慧城市的发展助力。

智慧城市就是运用信息和通信技术手段感测、分析、整合城市运行核心系统的各项关键信息,从而对包括民生、环保、公共安全、城市服务、工商业活动的各种需求做出智能响应。快速发展的信息技术和大数据应用可以对城市进行实时的监测、评估、反馈。数字化城市有如下特点。

(1)动态:实时反映城市的动态特征和要素流动。

(2)精细:反映城市精细时间、空间尺度上的状态和变化。

(3)多元:可涵盖各个行业,从多个角度认识城市问题。

(4)低成本:数据获取的人力和物力成本低,技术可持续。

(5)智慧:算法支持实时快速分析,以及发展评估、模拟、预测、预警等功能。

如图 2.12 所示,基于云计算技术,建立从基础设施、数据资源到平台服务一体化的网络服务体系,将各种形式的数据及各类应用的大数据进行有效管理,按照城市发展需求进行存储、处理、查询和分析,从而提供相应的应用服务,满足交通、安防、环保、公共服务、环保等各行业的城市综合智慧应用。

为了尽量少走弯路,降低项目风险,最大化投资回报率,在政务数字化建设过程中,需要注意以下 4 个方面的工作。

1. 做好顶层规划设计,加强统筹实施

制定涵盖体制架构、业务架构、绩效架构、信息架构和技术架构等顶层设计规划。统筹实施与绩效管理,按计划实现阶段目标及总目标。系统地开发所需的底层 IT 基础架构;同时建立一个协调主体,并确保专门的预算,关键在于需要通过联接不同的服务和平台发挥协同作用。

2. 促进数据共享,打破信息壁垒

创建全面的数据战略和数据平台。建立信息共享平台,促进信息资源的综合利用,将能源与出行、政府管理与医疗健康、教育与环境等多个孤岛联接起来,从而建立涵盖市民生活各个领域的整体智慧城市体系。提升各部门信息透明度,建立信息共享机制,对部门间、领域间信息进行有效整合。图 2.13 是智慧城市的大数据基础示意图,其将道路使用、气象环境、公交运营、土地利用、互联网数据等整合在一起。

跨领域开放数据,产生协同效应,形成智能化系统生态圈,创新数据和技术的融合,通过机器学习实现城市各领域的智能化。例如,在智能交通领域,人工智能通过分析海量交通数据,对交通流量进行预测,通过切换交通信号缓解交通压力。

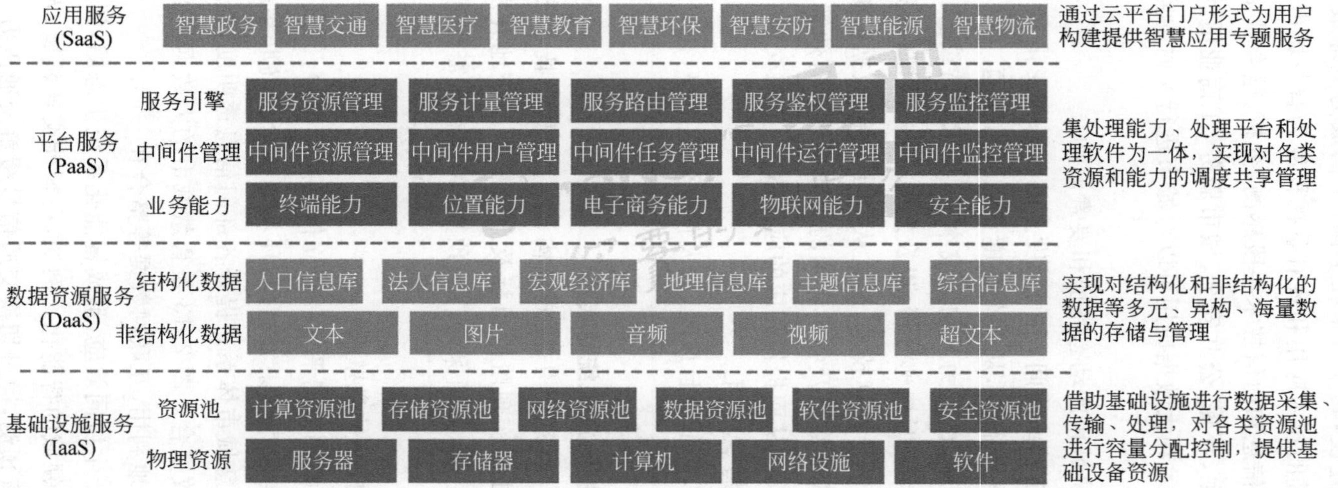

应用服务（SaaS）

智慧政务	智慧交通	智慧医疗	智慧教育	智慧环保	智慧安防	智慧能源	智慧物流

通过云平台以门户形式为用户构建提供智慧应用专题服务

平台服务（PaaS）

服务引擎	服务资源管理	服务计量管理	服务路由管理	服务鉴权管理	服务监控管理
中间件管理	中间件资源管理	中间件用户管理	中间件任务管理	中间件运行管理	中间件监控管理
业务能力	终端能力	位置能力	电子商务能力	物联网能力	安全能力

集处理能力、处理平台和处理软件为一体，实现对各类资源和能力的调度共享管理

数据资源服务（DaaS）

结构化数据	人口信息库	法人信息库	宏观经济库	地理信息库	主题信息库	综合信息库
非结构化数据	文本	图片	音频	视频	超文本	

实现对结构化和非结构化数据等多元、异构、海量数据的存储与管理

基础设施服务（IaaS）

资源池	计算资源池	存储资源池	网络资源池	数据资源池	软件资源池	安全资源池
物理资源	服务器	存储器	计算机	网络设施	软件	

借助基础设施进行数据采集、传输、处理，对各类容量资源进行分配控制；提供基础设备资源

图 2.12　智能城市云计算架构

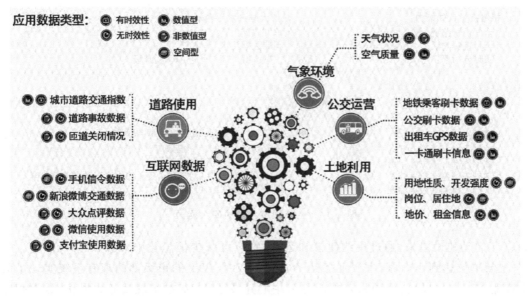

图 2.13　智慧城市的大数据基础示意图

3. 重视公共服务建设

电子政务应基于公众需求,进一步促进一站式和场景式服务,提升政务信息的公开度,发挥政府推动与科技企业配合的协同作用。

4. 数据的安全和隐私保护

通过网络安全防护、数据的加密和解密、智能动态安全监控等手段对安全防御技术与管理进行持续性监管,保证政府和公民数据的安全。

当前我国的智慧城市建设以政府主导与企业推动相结合的方式为主,而提供智慧城市解决方案的企业中以三大电信运营商和阿里巴巴、腾讯、百度等国内互联网巨头企业为主。很多智慧城市技术和方案已经达到世界领先水平。

杭州近期数字化发展的情况:正式发布城市大脑交通 2.0 打造智慧交通是一件十分重要的事情,而阿里巴巴城市大脑交通 2.0 将进一步推进城市交通数字化发展,进而推进数字中国的发展。2017 年,阿里云 ET 城市大脑已在杭州、衢州、上海、澳门、吉隆坡等 11 个城市先后落地,凭借强大的人工智能开放平台,实时利用海量城市数据资源,对城市进行全面布局优化。阿里 ET 城市大脑的四大能力(图 2.14)与五大应用场景在城市交通领域进行部署实施,未来将会在更多领域发挥城市建设作用。

济南市政务云建设和应用已经达到国内先进水平。建设采取购买服务的方式,自机器视觉认知能力：
- 全面识别路况
- 全量视频激活
- 实时分析事件

城市大脑开发平台能力：
- 举办数据大赛
- 高端数据技术人才培育
- 挖掘价值厂商，促进AI产业升级

全量数据平台建设能力：
- 共享平台打通数据孤岛
- 数据标准汇集生态渠道
- 数据模型建立指标体系
- 数据工具配套数据治理

交通网络协调与预测：
- 城市动态路网的"蝴蝶效应"分析
- 紧急车辆动态精确路线规划
- 全程AIoT(人工智能物联网)实时协同，车辆调度与信号灯系统实现网络协同

图 2.14　智慧城市大脑的四大能力

2013 年启动建设以来，通过集约建设和运营，每年可减少信息化财政投入 30% 以上。目前，上云单位达到 138 家，上云业务达 780 余个，80% 以上的市级部门现有系统实现了集中管理，80% 以上的新建项目依托政务云中心建设运行，基本实现政务数据化、数据智慧化。在政务数据开放方面，已经实现 53 个部门、1017 项数据集向社会开放，极大地提高了政务数据的价值。

2016 年腾讯发布"互联网＋警务"解决方案(图 2.15)，包括微信城市服务打通城市部门系统，提升协同工作效率；基于腾讯云打造一体化警务平台；位置大数据开放平台以位置服务为技术支撑，在客流管控、用户行为方面洞察挖掘。目前腾讯已经与公安部交管局、公安部出入境管理局等多个机构深入合作，助力警务办公升级。

"互联网+警务"七大解决方案

| 公众服务 | 智能交通 | 社会治安综合管理 | 警务协同管理 | 人脸核身 | 反诈 | 警务云 |

"互联网+警务"支持产品

微信城市服务	腾讯云	位置大数据开放平台
· **线上一站式办理入口**：位置服务、预约预检、业务办理、线上支付、进度查询、评价投诉	· **报警可视化**：腾讯云音视频接口能力，实时视频互动，与警察沟通面对面	· 实时观测人员分布、客流量、累计流量、客流来源
· **便捷触达公众，提供服务**：政府信息收集、处理全面时效，用户消息达到率100%	· **便捷易推广**：二维码社交网络式传播	· 对人流量趋势进行预测
· **线上服务质量提升**：推出"城市服务服务质量星级标准"	· **信息安全**：腾讯云端到端安全防御能力，专网专线，对接公安处警系统	· 所有关注区域同屏展示
	· **智能交互**：警务系统所需的必要信息自动同步，如身份认证、位置信息等	· 重点区域分类管理
		· 设定区域人数警戒值
		· 与公安既有指挥系统联动

图 2.15　"互联网＋警务"七大解决方案及支持产品

其他先进的智慧城市可以成为我们借鉴的案例。香港是全球领先的智慧城市，在数

字化管理、生活质量等方面有很多经验,香港"智能身份证"利用物联网技术,除了法定身份用途外,还包括以下便民服务,大大方便了市民的生活。

- 图书证用途:开通图书证功能,便可以使用智能身份证享用公共图书馆提供的各项服务。
- 自助健身用途:可使用智能身份证通过"健身自助服务站"租订健身设施,或报名参加健身活动。
- 医健通系统:医生可借助智能身份证阅读器,在持证人同意下读取个人资料。
- 公私营医疗合作:医疗病历互联试验计划进一步简化病人登记程序,并提高了安全性及准确性。
- 海关通关:刷身份证可以自由来往香港和内地深圳海关。

2.8 医疗数字化

数字化医疗是利用物联网、云计算、人工智能等新技术,建立在诊断、治疗、康复、支付、健康管理等医疗环节的信息平台和服务,实现病人信息汇总、医疗信息共享、临床和诊断的技术创新,解决目前中国医疗领域存在的资源分布不均衡、看病难、看病贵、医患关系紧张的问题。

在医疗机构信息化建设阶段,一般医院都上线了以下的 IT 系统,初步实现了医疗管理和运营管理的信息化,提高了管理和服务水平,但是仍然存在流程效率低,病人挂号、候诊、交费等待时间长等问题,各部门信息不能共享,数据不及时,处理效率低。整体行业的信息水平处于低位,管理水平有待提升。

- 医院信息系统(Hospital Information System,HIS)。
- 临床信息系统(Clinical Information System,CIS)。
- 实验室(检验科)信息系统(Laboratory Information System,LIS)。
- 影像归档和通信系统(Picture Archiving and Communication Systems,PACS)。
- 电子病历(Electronic Medical Record,EMR)。
- OA、支付、财务、社保等后台系统。

数字化医疗需求以患者为中心,以电子病历为基础,实现更加便捷、透明、高效、智能的全新的服务型医疗平台,能够对病人全流程的治疗数据进行采集、存储和处理,达到全医疗流程数字化的水平。

同时,通过新的技术应用实现移动医疗、远程协同医疗、专家系统、AI 诊断等智慧医院系统,满足社会对医疗服务质量提升的需求。新的数字化医院和医疗服务需要从 4 个方面转型(图 2.16),从而实现医疗数字化(图 2.17)。

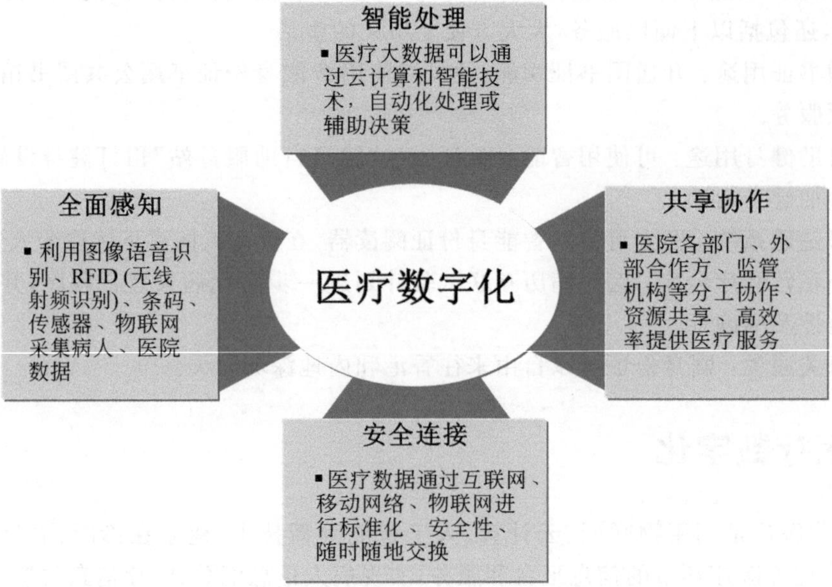

智能处理
▪医疗大数据可以通过云计算和智能技术，自动化处理或辅助决策
全面感知
▪利用图像语音识别、RFID (无线射频识别)、条码、传感器、物联网采集病人、医院数据
医疗数字化
共享协作
▪医院各部门、外部合作方、监管机构等分工协作、资源共享、高效率提供医疗服务
安全连接
▪医疗数据通过互联网、移动网络、物联网进行标准化、安全性、随时随地交换

图 2.16 数字化医疗转型的 4 个方向

就医流程
线上咨询
预约挂号
导诊
候诊
就诊
检查诊断
治疗缴费
复诊
健康管理
院内服务
院外服务
医疗服务升级
信息系统
医院互联网化
数据共享
分诊导诊：提高就医效率
就诊：实时获取化验结果
缴费：全程移动支付
治疗：大数据降低费用
复诊：实时提醒，在线交流
流程优化
提高效率
数据积累
医院积极参与
移动医疗服务
线上咨询：海量医疗资源
预约挂号：开放医疗入口
健康管理：医疗数据打通
资源重配
开放市场

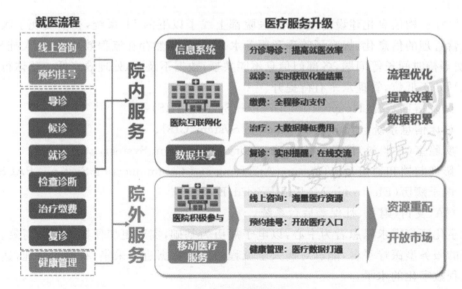

图 2.17 医疗数字化

（1）以患者为中心提高医疗服务质量,提高全流程(如诊断、检查、治疗、报销等)运行效率,改进就医满意度。

（2）引入云计算、大数据、人工智能、5G 等新技术,建立数字化病历,推动现有系统升级。

（3）从组织架构和业务流程的优化,建立绩效体系和成本考核体系,优化医疗资源。

（4）以数据为基础的服务管理和决策支持,提升在诊疗、管理、财务、后勤等方面的协作和效率,并实现医疗质量的持续改进。

人工智能和深度学习为医疗带来深远的改变,解决医疗资源的供给不足,将成为人工智能渗入医疗的根本性动因。人工智能赋能医疗机构,提升医疗机构运行效率,放大优质医疗资源服务能力,帮助提升基层医疗机构诊疗水平,承载着人类普惠健康的使命。但现阶段人工智能是帮助医生,远远没有取代医生的能力。如图 2.18 所示,人工智能医疗的主要应用领域包括以下方面。

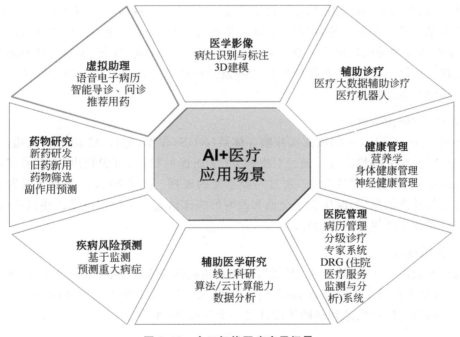

图 2.18　人工智能医疗应用场景

（1）临床检测和医学影像分析:通过影像算法优化、病变区域检测、辅助疾病诊断等,提高医学影像处理效率。

（2）电子病历管理分析:自动采集病人数据,分析病人病理,预测健康发展趋势和未来发病概率。

（3）基于基因分析的个性化治疗：根据病人的基因特征推荐个性化的治疗药物和方案。

（4）药物的创新和发明：改变目前药物研发周期长（10 年左右）、成本高（数十亿美元）的现状，利用深度学习和神经元网络测试多种药物组合的医疗效果，研发新的分子药物和治疗方案。

（5）移动和远程医疗：通过可穿戴设备，包括睡眠监测传感器、心电监测器、皮肤检测器等全天候采集人体信息，医院和病人远程互动，开展专家和边远地区医院的协作医疗。

当今世界包括美国、中国等众多的互联网和医疗行业巨头都加快在 AI 医疗领域的开发。2018 年底，中国的医疗人工智能公司已经达到 100 多家，主要集中在北京、上海、深圳、杭州等地。现在医疗 AI 领域领先的公司主要有 5 个。

1. IBM 沃森系统

IBM 沃森（Watson）系统学习了数千份美国病历，500 种医疗期刊和教科书，1500 万页医学文献。基于其强大的数据储备和学习能力，能够诊治乳腺癌、结肠癌、直肠癌、肺癌、宫颈癌等多种肿瘤。医生完成癌症类型、病人年龄、性别、体重、疾病特征和治疗情况等信息输入后，沃森能够在几秒钟内反馈多条治疗建议。国内已经有数十家医院开始应用沃森辅助医生治疗。

2. 谷歌 DeepMind

谷歌 DeepMind 与英国国家医疗服务体系（NHS）合作，进行 AI 眼部疾病检测、头部癌症扫描以及肾衰竭检测等。通过对眼部 OCT 图像的扫描，可识别出 50 多种威胁到视力的眼科疾病，准确率高达 94%，超过人类专家的表现。其监测 App 能够采集肾和其他关键器官的功能信息，为医生发送全面和及时的临床信息。医生能根据这些最新信息，在患者病情恶化之前提供精准治疗。

3. 腾讯觅影

腾讯推出医疗影像 AI 产品"觅影"，包括食道癌筛查系统、肺结节检测系统、辅助诊疗系统等，对早期食管癌的筛查准确率高达 90%。2017 年，中华人民共和国科学技术部宣布将依靠腾讯为医疗成像和诊断领域开发一个开放 AI 平台。

4. 阿里健康

电商巨头阿里巴巴也在 2016 年开始关注医疗 AI，并且推出了名为"阿里云 ET 医疗大脑"的 AI 云计算平台。该平台提供各种工具，可以利用 AI 诊断技术根据病人的医疗需求展开智能调度。阿里推出的医疗 AI 产品 Doctor You 具有临床诊断平台、医疗辅助检测、医师能力培训等功能，识别肺结节正确率达到 90% 以上。

5. 互联网医院

中国有 50 多家互联网医院相继落地,不仅做在线咨询,而且互联网医院能够在线诊断,并且要有国家卫生和计划生育委员会审批的互联网医院牌照,可以远程看病并开具处方。互联网医疗将会成为医疗行业的创新应用,包括健康教育、医疗信息查询、电子健康档案、疾病风险评估、在线疾病咨询、电子处方、远程会诊、远程治疗和康复等多种形式的健康医疗服务。

第 **3** 章

企业数字化转型项目实施

3.1 数字化转型的必要性和风险

领先的公司已经把商业活动的每一个环节都建立在数据收集、分析和行动的能力之上，企业商业的本质依然是"低成本、高效率"的运营以及正确的决策。企业必须以事实数据为基础，分析优化各个运营环节，这种以基于数据的决策和优化的工作方式，其基础就是企业运营的数字化。数字化企业的比较优势已经很明显，如新零售对传统零售的冲击就是很好的证明。不仅是在零售业，在银行、保险、物流等行业更是依赖于基于数据的分析和创新。对于具有远大愿景，希望发展壮大的企业，进行数字化转型是必然的选择。

1. 深入了解自身业务情况的需要

只有把所有业务活动和流程数字化后，才能使企业真正了解自己的运营。

例如，阿里 2014 年开发的"业务校验平台（BCP）"对各个业务单元的交易进行业务和逻辑校验，以发现与业务规则不一致的订单。仅 2014 年"双十一"一天，就发现了 10 万个问题交易，不仅可以及时解决客户问题，提升客户体验，也为企业减少了损失，节约了运营成本。这就是业务全面数字化的威力。很多企业业务数据和财务数据经常会出现偏差，但对于数字化程度差的企业，常常无法解释其发生的原因，手工调查会浪费大量人力、物力。

2. 快速业务创新能力的需要

当今的竞争环境需要传统企业也具备和互联网公司一样的快速业务创新能力。旧的信息化建设取得了很好的效果，但是未来的竞争无法预测，需要快速迭代的能力，旧的发展方式已经不能满足互联网时代的速度。很多企业业务部门都面临类似的问题：IT 部门的开发周期太长，系统开发好了，市场和热点已经过去了。系统支持落后市场的节奏，总是很被动。传统信息化建设周期长、成本高的问题阻碍了创新的实施。

3. 建立大数据资产的需要

如果没有数字化,就没有大数据的采集和分析使用。未来商业的创新和运营效率的提升都是建立在对数据的深入分析和挖掘的基础上的,没有数据的企业必将失去竞争能力。

4. 共享、开放的业务平台建设的需要

互联网是一个多方合作和共享的平台,互联网生态中拥有众多线上客户和流量。传统企业业务拓展的重要手段就是和互联网生态体系合作,实现系统和平台的对接,这就需要企业业务的全面数字化和互联网化。

5. 建立行业生态体系的需求

未来的竞争已经从单个企业间竞争发展成为生态平台之间的竞争。企业需要沉淀核心竞争力,输出企业的数据和服务能力,把行业内的上下游和跨行业的合作方都吸引到自己的平台上。所有的参与者都发挥自己的创造力和价值,进而融合发展和创新。企业的 IT 不再是简单的成本中心,而是成为企业生态系统的搭建者和运营者。

由企业信息化建设中众多的失败案例可见,在数字化的道路上也存在很大的风险。从通用电气等商业巨头,到中小企业的很多数字化转型的案例分析可以总结出数字化转型失败的 3 个主要原因。

1) 战略和业务目标陈旧

传统的企业战略模式关注成本、质量等,而新的商业模式更加关心个性化、用户体验、服务、时效性和便利性,所有新的产品或商业模式基本都是围绕上面内容展开的,而这些举措的本质又是进一步打破原来产品或服务所受到空间和时间上的制约。

2) 不了解客户需求和客户体验较差

电商平台、O2O 线上线下、VR 虚拟体验、上门服装定制、到家服务等,最终目的都是为最终客户提供更好的用户体验,提升服务的时效性和个性化,最大限度地减少中间渠道。实现企业数字化的一个重要能力就是连接能力,连接你的客户,连接你的外围生态,形成一个生态共同体和协同体。

3) 文化和人才的不足

普华永道的一项研究发现,对于传统企业,数字化文化和人才的缺失是最大挑战之一。要通往数字化的成功之路,需要提前制定转型战略,初步创建试点项目,梳理需要建立的数字化能力,成为大数据分析领域的专家,建立一套转型和进化的方法。要培养数字文化,必须吸引和培养数字化人才。在数字化时代,无论是传统企业,还是互联网公司,都缺乏数字化人才,发现、招募并留住数字化人才就成了企业转型战略的重中之重。

3.2　企业如何切入数字化转型

数字化转型是一个长期的、逐步迭代的过程,而且数字化转型是风险极高的一项工程。通用电气试图从制造业企业转变成工业4.0的软件平台公司,但是在巨大投入之后,因为其可怜的收益不得不放弃。找到一些关键的业务场景作为切入点至关重要。这些关键的业务场景可以是收益潜力最大的或者是业务问题最多的地方。在关键业务场景成功完成数字化后,可以逐步展开更全面的转型。从场景的点,到运营的线,到平台的面,最终达到立体、全面的数字智能化,通过循序渐进的方式,分阶段完成数字化转型(图3.1)。

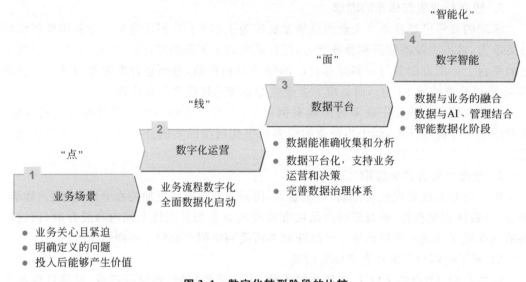

图 3.1　数字化转型阶段的比较

在战略目标、组织和人才准备、切入点的战略层面到位之后,在转型的进程中具体实施的战术层面需要注重以下几个关键点,这些是传统企业在数字化项目上最容易产生失误的地方。

1. 要围绕客户历程"端到端"优化

在选择场景的时候,需要打破部门边界和"烟囱"系统,从企业层面考虑如何改进客户体验,为客户提供更多价值。在"客户历程体验"和各部门从其支持流程中寻找需要改进的环节。例如,在保险理赔端到端客户体验中,需要客服、查勘、理赔、风控、财务、IT等各个部门参与。通过梳理面向客户的场景,可以发现最具改进价值的流程和IT系统。数字化的目标就是利用最新技术改进客户流程体验,通过自助服务、自动化处理、智能服务等手段改变费时费力、手工的旧流程。企业数字化转型后,客户的体验应该能够像网上购物和网上社交一样方便,使传统企业的客户体验向互联网企业靠齐。

2. 系统开发采用最小化可行产品理念

引入互联网公司最小化可行产品(MVP)的理念,抓住最核心的产品流程,剥掉多余的功能或者辅助功能,只要主流程可以运转起来就可以。完美并不是我们的目标,快速试错才是我们的目标。在信息化时代,我们见过太多拖延工期、超出预算的大型系统改造项目。根据前文介绍的"反摩尔定律",每 18 个月系统的价值就会降低一半,巨额的开发投入会因为项目周期长而被浪费。数字化转型项目需要注重速度,贴近客户和产生效果。只有这样,才可以快速推进并保持正确的方向。这种项目的开发方式是每一两周就上线新功能,而不是数个月的上线周期。

3. 采用敏捷开发模式

传统的"瀑布流"交付模式是串行工作方式,开发周期长、投入大,而数字化越来越依赖敏捷方法进行系统转型。敏捷模式的建立需要开展 IT 运营和组织的变革,建立敏捷的业务需求和开发体系,搭建灵活和敏捷的开发技术架构。CIO 参与公司战略和转型计划的制订,公司高管层到执行层都理解数字化转型并积极参与。专业化、跨职能的团队以客户为中心,依靠实时决策、快速迭代进行项目推进。

4. 人才和文化培养

对于传统企业来说,数字化人才和文化的缺失是巨大的挑战,需要建立一套转型和进化的方法建立数字文化,吸引和培养数字化人才。在数字化时代,发现、招募并留存数字人才为企业转型战略的重中之重。

3.3　数字化项目计划和 ROI 评估

数字化转型成功需要全面的设计和规划,只有通盘考虑到转型过程中所有必须的工作步骤和风险因素后,才能有信心驾驭这个快速推进而且充满挑战的项目。以下列举了开展数字化项目的工作内容,在项目开始之前,需要制订详细的项目计划将责任落实到团队和人,并通过项目管理体系保证各项工作顺利开展。

1. 战略与愿景的制定

数字化战略:战略指导执行,通过数字化战略明确转型的业务目标和成果是很重要的。每个企业都会具有不同领域和优先级的变革目标,但确认共同努力的目标是成功的第一步。

转型聚焦:只有聚焦,才能高效转型,数字化转型的焦点应该是建立以客户为中心的业务体系,聚焦提高客户的体验,并根据客户需求变化持续反应。

资源投入:没有投入就没有产出,准备专门的投资用于数字化转型,对于支持商业模式创新,以及流程、产品和服务的优化是必不可少的,新技术的研发和引入也需要人力和资金支持。

2. 人与文化的培养

领导力:由于涉及多个业务部门和烟囱系统,要使数字化转型落地,需要领导力的推动。企业管理层需要在超前的战略视野和思维水平上建立企业强大的执行力。

文化:由于数字化转型需要创新和改造传统的商业模式、流程和工作方式,勇于尝试和风险接受能力成为必须,建立鼓励创新和协作的企业文化,才能在实践中完成迭代并成功转型。

数字化技能:数字化转型需要新的技术、能力和方法,整个组织的所有关键领域都需要建立数字能力,让全新的人才、技术和工具成为转型的主力。

3. 流程改造与治理

数字化创新:企业创新的领先实践,对于确定和加速从创意到执行的数字化转型工作,以及为内外部支持者的持续创新提供机制保障至关重要。

变革管理:由于数字化转型举措往往比传统举措产生更广泛和更深远的变革影响,变革管理计划需要通过更丰富且可持续的模式,在更广泛的利益相关者中采取更全面的观点。

治理:数字化转型跨越多个业务部门和系统,统筹架构治理和项目群管理必不可少。需要加强项目间协调和共享,从而降低成本,减少衔接问题,并确保项目与战略重点保持一致。

4. 技术与能力

最新技术应用:在构建新的数字化应用时,最新技术可以被应用到新的业务中。例如,数字化体验的技术手段有社交、移动、数据分析和云等,还有更加颠覆性的数字化体验提升技术,如虚拟现实、智能自动化、物联网和5G等。这些技术为客户创造全新的、独特的价值和体验。

平台商业模式:打造平台商业模式是极具价值的。平台将传统的线性价值链转换为多维价值网络,将串联业务模式(单向价值创造,并受制于整个供应链的瓶颈)转换为双向且连续的价值创造业务平台。

提供数字化服务(as-a-service):只拥有创新的产品或服务不够,企业在设计、开发、部署之外,需要能够提供数字化服务。例如,基础设施即服务(Infrastructure-as-a-Service, IaaS),软件即服务(Software-as-a-Service, SaaS),平台即服务(Platform-as-a-Service,

PaaS)，保险即服务(Insurance-as-a-Service，InaaS)等。例如，携程 App 的加盟合作入口就是一个"旅游即服务"的案例。通过开放旅游度假、门票玩乐、实体门店、定制旅行、会员、分销等 25 大产品线的加盟与合作，利用携程的数据、技术、平台和供应链资源，吸引中小企业和创业者加盟，达到加盟商和平台共赢的局面。

5. 变革管理

企业实现运营管理模式转变是一个复杂的变革过程，做好变革管理是实现战略目标的关键。变革管理关注如何帮助企业适应业务转变、如何帮助企业内的员工适应新的环境。目标是用最少的投入(如时间、精力和成本)达到所期望的新业务模式。

- 使员工更深入地参与和理解变革。
- 建立公司上下对新业务模式的充分理解和承诺。
- 帮助员工理解变革的原因和背景。
- 为必需的变革调整提供相应的能力和准备。
- 跟踪变革过程，并确保它可操作和可监控。

在企业开展数字化转型项目初期，由于需要投入大量资源，面临现有利益格局形成的阻力，对企业绩效会有一定的负面影响，如图 3.2 所示。一旦转型项目取得一定成效(如主要业务场景改造基本成型)，数字化将对业务带来极大的正向推动力，从而促进企业绩效上升。

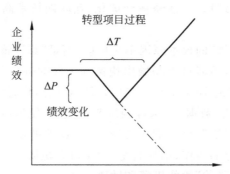

图 3.2　转型时间与企业绩效的关系

第4章

数字化转型工具——企业架构的设计和实施

4.1 企业架构

在市场经济环境下能合理利用内部资源和能力快速对环境变化做出正确反应的企业将具有良好的竞争力,会在市场竞争中立于不败之地,且可持续发展。当企业规模较小的时候,企业对市场反应十分机敏,而当企业达到一定规模,战略方向、组织结构、流程、内部利益格局等将逐渐变得错综复杂,信息传递链条和管控链条也变得冗长脆弱,企业将陷入"秩序危机",难以"使大象跳舞"。在经济全球化、互联网技术高速发展的今天,环境瞬息万变,"大象也必须跳舞"。

其实,大企业"不能跳舞"的根本原因不是规模,而是"难以将业务、应用、数据、技术等领域紧密关联和结合起来,不能对市场做出快速和正确的响应"。所以,当企业规模达到一定程度后,必须有数字化手段和工具的支持,否则难以运作,好的商业模式也难以实现。若企业有办法将业务、应用、数据、技术等领域紧密关联,使得各领域形成一个有机整体,企业内部形成一个"神经网络",快速响应外部驱动、技术进步、战略调整等带来的各种变化,精确控制和协调各部分的协作,结果就是"大象可以跳舞了"。企业既能拥有"大象"般的体量和实力,又能具备"猎豹"般的机警和敏捷。

企业架构就是使"大象跳舞"的方法,使企业的各领域形成一个有机整体,成为这些领域的"黏合剂"。当企业面临的内外部环境发生变化时,企业架构可以帮助企业分析影响,采取适当的行动应对,帮助企业建立快速响应变化的能力。简言之,企业架构就是系统地描述、分析、改变企业的结构和组成,从而达到实现企业目标的方法。

The Open Group 组织对企业架构的定义为:企业架构是企业组件的结构、组件之间的关系,以及制约组件设计和随时间演进的原则和指南,即"企业架构=企业组件+组件之间的关系+原则和指南"。这个定义体现了"演进(evolution)"的思想。组件、组件间的关系是基本元素,这些基本元素依照既定原则和指南发生交互。随着场景的变化和时间的推移,元素及元素间的关系会依照规则有序地演变进化。从定义来看,企业架构是一个动态的事物。实际上,企业架构可以使各项工作快捷地获得相关工作的成果,并为其他相关工作进行有效支持,能够帮助企业将复杂的组织和工作变得"简化、有序、高效、自行演进"。

企业数字化建设是为实现企业战略服务的,而战略相关工作又分成战略分析、战略设计(或战略选择)和战略实施。如图 4.1 所示,在战略实施中,企业架构有举足轻重的作用,是联系战略设计和数字化项目的桥梁。

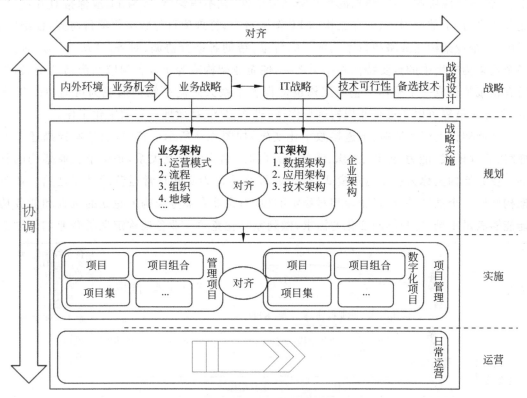

图 4.1　战略设计、战略实施与企业架构

战略设计包括业务战略设计、IT 战略设计。环境的变化将影响业务战略的制定;备选技术将影响 IT 战略的制定;IT 战略从属于业务战略,两者之间相互影响,业务战略和 IT 战略应对齐。

战略实施包括:企业架构、项目管理、日常运营 3 个部分。业务架构用来落实业务战略,包括运营模式、流程、组织、地域等;IT 架构用来落实 IT 战略,包括数据架构、应用架构、技术架构。业务架构和 IT 架构要保持对齐。

项目群管理含在战略实施中,会关系到战略落地是否能够成功。项目群管理工作应涵盖全部管理类项目与数字化项目。管理类项目是内部管理职能的落地,数字化项目主要是业务"互联网+"的落地,要保持两类项目对齐。依据企业架构设计,在战略实施环节会识别出多个项目、项目集、项目组合等,并通过这些项目的实施最终实现企业战略的落地;最下层是日常运营。

纵向各层协调一致(coordination)、横向业务与 IT 对齐(alignment)。战略、规划、实施、运营各层应协调一致,消除混乱和降低复杂性,且不脱钩;业务与 IT 应保持对齐,包括业务战略与 IT 战略对齐、业务架构与 IT 架构对齐、管理项目与数字化项目对齐,杜绝"两层皮"。企业架构是战略和数字化项目的桥梁,帮助各部分协调、对齐。"协调"与"对齐"是企业架构应用中的重要特征和作用之一,使企业架构成为企业各领域间沟通的桥梁,将所有领域整合成一个整体。企业架构也使得各干系人之间顺畅沟通成为可能,如 IT 人员、业务人员等可以通过企业架构进行沟通,进而协同、高效地开展数字化工作。

企业架构上衔接战略,下连接数字化实施,如图 4.2 所示。其中,业务架构描述企业战略、运营模式、能力、流程、组织、绩效、治理间的结构和交互关系,是整个企业架构的基础。业务架构又称为企业运营模式,是企业战略转化为实际日常运营的必经之路。业务架构好比一个基础平台,是企业相对稳定的核心;企业在业务架构上建立的流程和业务功能能够满足市场、客户不断变化的需求,做到差异化竞争。业务架构定义了企业如何创造

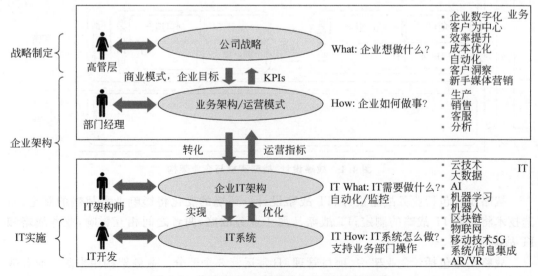

图 4.2 战略制定、企业架构和 IT 实施关系图

价值,企业内外部的协作关系,描述了企业如何满足客户需求,进行市场竞争,与合作伙伴合作,建立运营体系,考核绩效等。业务架构是战略决定企业各组成部分如何运转的工具,建立了企业战略与日常运营之间的关联关系。宏观层面的企业战略需要通过业务架构进行分解,使战略范畴落实到战术范畴。通过运营对战略的支持,才能达到企业预先设定的业务目标。

假设企业的战略目标是运营成本降低 20%,实现该战略目标则要对现有的运营模式进行改造。例如,可以采用线上自助服务使客服人员缩减 40%;或者改造现有业务处理流程,取消 20%业务价值低的环节等方案。日常运作的组织、流程、IT 系统都应该是在业务架构指导下运转的。如果没有业务架构而直接组织和建立企业的日常运营,就会出现运营与战略脱节、各个业务环节缺乏统一协调等问题。其实,所有企业都存在业务架构,有的企业是先设计后实施的架构,还有很多是没有全局设计,随业务发展不断自然演化的架构。当企业发展到一定规模后,专业设计的架构会提高企业的效率和竞争能力,避免出现企业管理中顾此失彼的问题。

业务的开展依赖于 IT 数字系统的支持,而 IT 数字系统的需求也来自业务。如何使业务与 IT 的关系协调一致,一直是企业管理者关注的问题。只有根据业务架构设计 IT 架构,才能使企业的战略目标和运营模式、流程落地。业务与 IT 之间只有相互支持时,才能带来最大的收效。对多家企业研究的结果表明,单独 IT 架构的优化可以为企业带来 2%的业务增长;单独业务架构的优化可以带来 8%的增长;如果业务和 IT 可以相互支持,企业达到总体优化的时候可以带来 20%的增长。

4.1.1　企业架构的进化史

企业架构是在公司的战略方向和目标制定后,实现战略意图落地的工具。企业架构是在信息系统架构设计与实施的实践基础上发展起来的一个专业领域,自 1987 年 Zachman[①] 的开创性工作以来,这个领域累积了大量研究与实践。经过不断地创新和发展,目前企业架构领域已经形成 TOGAF、FEAF、DoDAF[②]、CBM 架构等,还有各大咨询公司和研究机构提出各自的理论和框架。企业架构理论体系的比较见表 4.1。

---

① 美国架构规划专家约翰·扎克曼于 1987 年创建了第一个企业架构框架——Zachman 架构框架,从而奠定了企业架构框架理论的基础。

② FEAF、DoDAF 架构是国际组织和美国政府推出的,具体内容可以从网络上搜索。因其落地性不强,所以仅作为参考和了解企业架构的发展历史。

表 4.1　企业架构理论体系的比较

架　构	特　点	应　用
Zachman	基本是对企业架构交付物的分类,还不是一个完整的框架	最早出现的理论,影响广泛
TOGAF	流程导向的方法论,逐步细化的架构发展模式。应用广泛,资料容易获取	对结果的保证程度较低 与业务的联系较低
FEAF	比较全面,体系复杂,包括流程、参考模型等	主要用于政府,企业较少使用
DoDAF	美国国防部制定的,被誉为"兵力倍增器"	用于进行军队的架构和数字化建设,以提高部队指挥效能
CBM 架构	多个咨询公司的方法的总结,体系全面,可以落地,有中国具体成功案例	需要全面的业务和 IT 知识,才能使用和实施

4.1.2　企业架构的作用

1. 企业架构引领企业转型

当今,无论是传统企业,还是新兴技术公司,都在大量开展数据分析、人工智能技术的研发,认识到数字化是企业发展的基本能力。电商巨头(如亚马逊、京东、阿里巴巴)依托自身强大的互联网基因,在基础设施不如传统企业的情况下,通过最新技术的应用取得了竞争优势。传统企业(如顺丰快递)也在通过自主研发以及与第三方合作,展开广泛的技术布局,迎接数字化时代的挑战。另外,新兴的技术公司(如菜鸟网络)在传统企业与电商之间开辟了属于自己的道路,直接从数字化技术切入传统行业,依靠领先的商业模式和深厚的技术实力,发展前景巨大。许多新兴技术公司团队中有近八成以上的人员属于技术团队,技术人才投入占比很高。

对于数字化转型的企业,必须在领导力、架构、技术、运营和人才全方面考虑转型的策略。

CEO 和高管层需要参与到数字化转型的路线图的制定中,并引领企业开放、平等的文化氛围。

* 制定数字化愿景,调整现有的组织架构与数字化转型匹配。
* 企业需要真正把客户放在首要地位,制定提升客户全流程体验的措施。
* 在企业运营中加入互联网基因,业务规模和效率向互联网行业看齐。
* 制定互联网人才招聘策略,为企业引入新鲜血液和基因,并保证他们能够发挥作用。

- 创造鼓励创新的文化氛围,允许犯错和鼓励跨部门、跨企业合作。
- 奖励和引导员工学习并掌握最新的互联网技术,培养企业数字化的技术能力。

为传统企业注入互联网基因是一件很困难的事情。要求 CEO 及其带领的高管团队必须能够充分理解数字化的本质并与本企业相结合,需要自上而下地推动转型。

在进行数字化转型过程中,企业管理层必须能够自上而下地理解并推进转型项目,将正确的人和正确的目标相结合,形成企业新的数字文化,才能达成使命。形成这样成功的转型,需要以下 4 个步骤。

(1) 认知:数字化转型会涉及整个组织各个部分的改变,需要得到全体人员的支持和认可,不能只是局限于某个部门或者团队。

(2) 决定:根据业务的需要,找到匹配的业务和技术能力。从企业内部和外部发现这些人才,或者通过引入咨询和技术支持服务带动企业能力的建设。

(3) 规划:制定分阶段的目标,从最有价值并且收益最大的点切入。

(4) 启动:建立数字化转型团队,业务和 IT 共同协作。

企业架构还支持增量和迭代两种开发方式。增量开发是指每一次工作都可以在以前工作的基础上开展,不用从头开始。每一次工作的成果都可以保留、巩固;产出的成功可形成可复用模板等。而迭代开发是一种能力,重在机制建设,改造企业变革的"基因",变革成果方能巩固,系统化地工作方可持续有效果地开展。

2. 提供统一的过程和沟通方式

企业成长到一定规模,面对问题的时候需要多专业团队一起解决。由于人员的专业背景不同、视角各异等,对问题的认知、表达方式和与之对应的解决方案会有天然差异。有些项目还需要外部咨询公司或者 IT 厂商参与。从以往实践看,管理咨询公司和 IT 实施厂商各有所长,企业只能将业务咨询和数字化开发工作拆开进行,经常遭遇管理咨询项目成"虎头蛇尾"、数字化项目成"无源之水"的情况,这个风险是不能忽视的。在企业架构项目中需要注意如下问题:项目组如何有效沟通?各专业人士如何发挥所长?成果如何沉淀?如何发挥组织合力?

企业架构方法可以使项目组能在同一语义、语境下协同开展跨领域合作,能在同一事情上进行有效沟通,做到用"相同的方法""相同的语义环境"讨论"同一个问题",形成"同一个结论",使用"统一过程"协作落实变革工作。变革工作的难点不在于理论、方法、工具、模板等,而在于"多边沟通达成一致,且用标准化方式进行表达"的过程,简单来说就是在于"统一思路、统一行动"。图 4.3 为团队的沟通示意图。

现代企业的 IT 系统已经成为核心竞争力,以企业架构为依据,从全局上指导、把控各个信息系统的设计方案,能够保证整体工程建设统一、规范、有序地开展。项目组内部共用同一过程,可以保障行为和内容的一致性(图 4.4)。各单位理解各自的职责、工作、贡

图 4.3　团队沟通示意图

献；各单元可以利用别的单元已有的成果；各单元的工作可以对其他单元进行支持；各工作有序进行、个人与团队有效协作；各单元协调简洁高效，尽量避免冲突；让复杂工作简化、有序、可控、高效；使企业依赖流程、协作及现有资源、能力，而非依赖"牛人"与"英雄"。

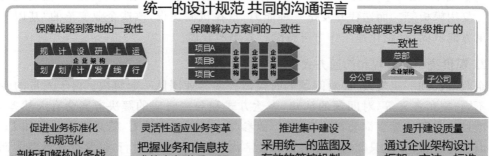

图 4.4　企业架构指导下的 IT 系统建设

如图 4.5 所示，麦肯锡与亨利商学院 2017 年对 1000 多家企业开展了企业架构对组织影响的调查，其中使用企业架构的公司比没有使用的公司：IT 复杂度降低 67%；数字化转型成功率提高 62%；成本和费用节约 47%；产品推向市场快 34%；运营稳定性提高 26%；点对点连接减少 73%；应用的数量减少 65%；接口的数量减少 77%；服务个数减少 470%；服务重用度提高 19%；IT 复杂度降低 67%。

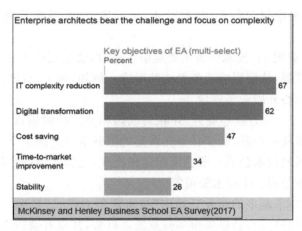

图 4.5　企业架构带来的影响

4.1.3　业务与 IT 的关系

　　不同类型的企业,企业架构设计的方法各不相同,业务和 IT 之间的关系和角色定位的差别会有很大的区别。从业务与技术在企业中的决定因素可以把企业 IT 推动分为四种模式,如图 4.6 所示。

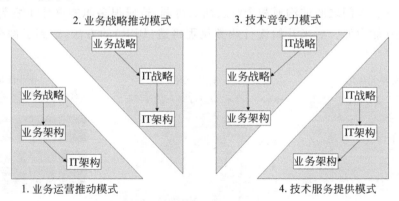

图 4.6　企业业务与 IT 推动模式分类

　　模式 1:业务运营推动是传统企业最常见的模式,企业的发展是由业务推动和决定的,IT 是支持业务发展的工具。传统制造业、物流运输业、零售业、旅游业的企业大多都是这种模式。

　　模式 2:业务战略推动是 IT 作为核心竞争力之一的企业采用的模式。这种类型的企业会制定 IT 战略,能够建立较强的 IT 能力,IT 能够成为行业竞争的优势。对 IT 技术比较重视、投入较大的金融保险行业、电商行业、新零售、互联网服务商等会普遍采用这种模式。

模式 3：如果企业把 IT 技术作为主要竞争优势时，会采用技术竞争力模式。IT 战略会影响企业战略的发展，从而影响业务架构的形成。例如，淘宝、百度、腾讯等互联网企业都以创新的技术为核心开展业务建设。

模式 4：当企业 IT 成为核心业务，并相当成熟和灵活的时候，IT 能力和服务可以作为一种向外输出和赋能的产品，能够在事先设定的服务水平上满足业务的需求，成为技术服务提供模式。互联网技术公司一般会采用这种模式，比较典型的有阿里云、亚马逊云服务、谷歌搜索、大数据公司、AI 技术公司等。

在数字化时代，越来越多的企业开始向"技术竞争力模式"转型。如果企业管理层不了解最新技术的发展和应用，会错失很多商业发展机会，甚至有被边缘化的危险。

IT 管理者在新的数字化转型时代，应该更加积极主动地推进信息技术在企业中的应用，扩展自己的职能，提升在管理层的价值。从传统的需求满足者，转换成为 IT 能力定义者。能够提供前瞻的、持续的、创新的 IT 服务；作为业务和 IT 之间的桥梁，通过新技术应用为业务赋能；作为中台运营和业务分析的负责人，积极参与企业决策，提出创新的建议等。

从 20 世纪开始至今，全球的企业都在不断寻求变革和优化的方法。如图 4.7 所示，最初的业务线条优化只考虑部门内部的或产品线内部的优化。虽然做到了局部的优化，但是由于缺乏各部门之间的沟通和企业层面的协调，造成很多职能重叠和浪费，流程之间的共享和交互能力低。后来开始流行业务流程再造（BPR）的方法，达到了部分企业流程

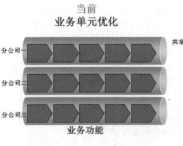
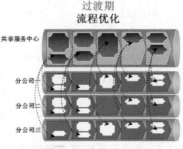

图 4.7　业务运营模式转型

优化的目的,通过建立共享流程实现了标准化和集中处理。但是,问题在于虽然单个流程做到了最优,但是企业整体没能得到优化,变得越来越复杂,可能还增加了整体的成本。

如今提出的业务组件化的方法可以通过内部组件化和外部专业化的转变,提高企业的灵活性,并实现跨越式的增长。组件化可以消除企业内部冗余的功能,明确战略重点的组件,非关键组件可以通过外部获取,从而实现从价值链向价值网络的转变。企业需要灵活,需要随需而变;但是企业的成长和发展也需要一定的稳定性,否则就会混乱。如何平衡它们之间的矛盾是一个很关键的问题。通过建立组件化的运营平台,可以用稳定的、有限的组件搭建多样化的企业。就像乐高积木玩具,使用几个简单的塑料积木,就可以搭建出变化无穷的造型。

4.1.4　企业架构与数字化之间的关系

企业架构是公司战略落地的工具,将战略落地相关业务、数据、应用、技术等方面进行对齐,并使之协调一致,最终通过启动具体的项目开展具体的建设工作,如图 4.8 所示。

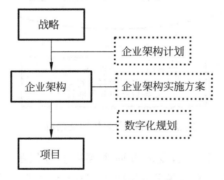

图 4.8　3 个指导性文件

为了保障这个过程能顺利开展,在启动企业架构建设工作之前,需要制订企业架构工作计划;在具体执行企业架构建设时,需要有企业架构实施方案作指导,以便于企业架构的落地;在具体开展项目建设时,需要数字化规划进行统筹安排。

企业架构工作计划(EA 计划):进行企业架构工作之前,有必要制订统一的 EA 计划,统一协调项目组的行动,计划 4 个子架构的工作步骤、时序、所需时间及资源等。

企业架构实施方案(EA 方案):在开展企业架构的建设工作时,直接使用架构理论将难以展开具体工作,应在架构理论的指导思想,编制统一的 EA 实施方案,统一明确具体工作步骤展开时的具体作业、建模语言、工具、交付物模板、流程、制度、要求等。EA 方案的主要作用是营造好 EA 项目治理环境,使得项目组能够依照 EA 计划协同各方面专家力量一并开展架构建设的相关工作。

数字化规划：在企业架构的基础上，将识别一系列待建项目。注意，数字化项目不只是参考最佳实践、拍脑袋凭空想出来的，项目是被识别出来的。有必要为这些项目的开展制定统一规划，以有序、合理地开展项目建设，然后再在具体的项目中制订具体的项目工作计划。

1. 好的企业数字化应有的样子

好的企业数字化的样子如图4.9所示。

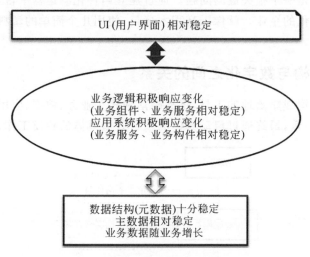

图4.9 好的企业数字化的样子

用户界面、数据结构相对稳定，变的方面主要在业务层的"业务逻辑"（主要由中台提供的服务，以及基于中台基础服务编排而成的复合服务组成），及其支撑其实现的应用层。数据结构稳定的必要条件：统一的企业数据逻辑模型、统一的数据标准、数据治理机制等。随着工作的开展，刻意沉淀可复用组件，当面临变化时，可以极大降低内部变更的成本，尽量"以不变应万变"。

2. 基于原有信息化基础进行数字化的"旧城改造"

在已有一定IT基础的情况下如何持续开展建设？这时需谨慎行事，切忌"饮鸩止渴"，勿盲目上线"改造"项目，形成新烟囱，并增加系统间接口的复杂度；勿"形而上学"，不要盲目仓促采用互联网新技术，应从业务本质着手解决问题；谨慎对待"推倒重来"，充分"利旧"，尽量保护组织现有资产；从业务流程框架梳理入手，理清工作单元间的贡献关系，进行"主数据"梳理，不要急于进行点对点接口开发，解决应用间信息互通的燃眉之急。特别是不要迷信"专家权威"和"最佳实践"，很少有咨询公司可以提供企业架构解决方案，专家是提供理论、方法、工具等的能手,最佳实践仅有参考价值,企业必须发现、培养、重用"能提出正确的问题,抓住变革主逻辑""能对内部单位、专家、合作方工作提出明确要求,并进行质量控制"的核心骨干,没有自主团队的数字化风险很大。而且,找到合适的系统化的方法比依靠"复合型人才"现实得多,建立体制比"运动式"的项目重要得多。

简单来说,没有标准化的数字化是胡闹,不经系统化的数字化是折腾,无自主团队的数字化是浪费钱。不唯书、不唯上、不唯他、不唯洋,只唯实。关于更多技术层面的事情,在前文"企业如何切入数字化转型"中有详细阐述。

4.1.5 企业架构的主要组成部分

与企业相关的领域非常多,如环境、战略、业务、流程、数据、应用、IT 技术、风控、质量等,由于企业架构工作覆盖企业活动全过程,应将所有工作与企业架构方法建立联系。企业架构方法认为业务、应用、数据、技术是企业的 4 个重要领域,它们之间有着紧密联系。这 4 个领域对应的 4 个架构分别是业务架构、数据架构、应用架构和技术架构,如图 4.10 所示。

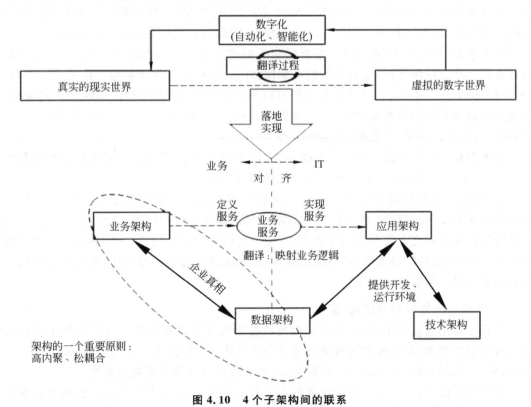

图 4.10 4 个子架构间的联系

企业数字化是通过架构方法,利用信息技术和 IT 基础设施,实现企业活动自动化(智能化)的过程。数字化其实就是在虚拟世界为现实世界提供一个"数字孪生",且通过信息技术突破时间、空间、人工算力等局限,进而更好地支持现实世界的业务开展。

业务架构:这是企业架构的基础,描述企业战略、业务流程、组织、治理间的结构和交互关系。业务架构用于描述企业业务的"主谓宾",是整个企业架构的基础。业务架构的主要输入包括战略、愿景、业务模式等,主要输出包括业务能力、业务流程、组织、资源、绩效、业务平台分析、属地分析、治理等。

应用架构:这是企业架构的缩影,描述应用开发的蓝图、应用间的结构和交互关系,以及应用与核心业务流程间的关系。应用架构是对业务架构逻辑进行的镜像,"业务"和"应用"访问和处理同一数据集合,"业务"和"数据"清楚以后,才谈得上去上线什么样的"应用",切不可本末倒置。

数据架构:这是企业架构的核心,描述数据类型与来源、逻辑和物理数据资产、数据资源的结构和交互关系。数据架构以业务架构为基础,企业有什么样的业务,就会有对应的数据及其结构等,"业务"与"数据"反映的是企业的"真相"。数据架构是联系"现实"与"虚拟"的纽带,是现实世界与数字化沟通的桥梁,所以数据架构是企业架构的核心。

如果采取"从上往下"的次序:先根据业务架构分析定义数据架构,然后数据架构结合业务功能定义应用架构,最后根据数据架构和应用架构设计技术架构。在实际工作中,每个项目的方法各不相同,而且很多工作可以多次迭代,但业务架构是其他设计的基础。数据架构的主要输出有数据结构(数据模型)与分析指标体系,以及元数据、数据标准、数据质量、数据管理体系、主数据、数据仓库等。

技术架构:这是数据和应用的支撑,描述用于部署业务、数据、应用服务的软件和硬件的能力,包括 IT 基础设施、中间件、网络、通信、IT 流程和标准等。

业务流程、数据是数字化的重要输入,无论组织是否开展数字化建设,均需要开展企业架构的相关工作。厘清"业务架构""数据架构"的逻辑,才有可能设计出卓越的组织"操作系统";在此基础之上若开展数字化工作,则上述内容是数字化建设的有效输入;企业架构中有关"应用架构""技术架构"方面的内容,相对来说比较具有通用性,在市场上比较容易找到丰富且成熟的解决方案。

1. 数据是业务与 IT 间的纽带

在企业应用信息技术之前,业务架构与数据架构是客观存在的。业务架构承载着企业的价值创造逻辑,而数据架构将业务活动中的主体(施动者、主语)、行为(活动、谓语)及客体(资产、宾语)的信息及状态进行记录,此时的数据承载体是离散的文件。

企业应用信息技术后,一开始企业的业务没有变化。数字化的工作是依据企业的业务逻辑将企业的主体、行为、客体进行解构,通过数字化建模方法构建应用系统,利用数据模拟并映射企业在现实世界的活动,即通过应用架构实现业务逻辑从现实世界到虚拟世界的翻译。应用架构同样需要访问数据架构,且应用的程序编码要基于数据结构才可以进行,这时数据的承载体是数据库、成体系的电子文件等。所以,数据架构是联系业务架构与应用架构的纽带,也是整个企业架构的核心。

在业务、应用和技术各层,数据无处不在(图 4.11),只是表现形式不同罢了,本质是"同一"数据。

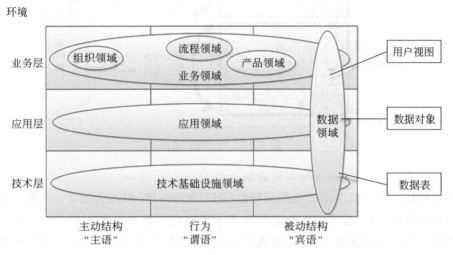

图 4.11　数据无处不在

如图 4.12 所示,不同部门执行的不同流程对设备进行处理时将影响不同视角的视图,结果都是更新或展示了与该设备相关的"同一"数据。有了数据逻辑结构的一致性,以及数据源逻辑的唯一性,才能保证数据的完整性、一致性、准确性、及时性,进而实现数据透明、流程打通、业务协同、组织协作。客观上,"数据为核心;流程生成、使用、更新数据;角色执行流程;岗位履行角色"。业务协同最终是基于"数据驱动"的协同;"以客户为中心、用例驱动、领域驱动、流程驱动、数据驱动"关注的重心和着眼点不同,但本质上一致。

2. 业务到 IT 的翻译

企业架构落地就是实现业务逻辑从现实世界到虚拟世界的"翻译",即映射业务逻辑。具体过程是:从业务架构中识别和定义服务,而在应用架构中实现这些服务。另外,在各子架构中还存在各种各样的其他服务,但基本上都是在本子架构内实现,并对外提供使用接口,供相关方使用。应用架构对业务架构中的业务逻辑"翻译"得越好,IT 对业务的支持就越强。待数字化发展到一定阶段,数据、应用将为业务模式提供新的实现可能,会反

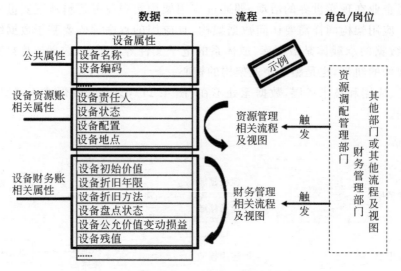

图 4.12　"一致的"数据

过来驱动业务发展,对业务带来本质影响。

技术架构主要是为应用架构的运行提供 IT 支撑环境,相对其他 3 个子架构之间在逻辑上的紧密程度而言,技术架构与其他 3 个子架构之间的关系是不紧密的。技术架构需要只关注应用系统的部署方式、计算能力、安全需求及运维需求即可,并不需要直接考虑业务、数据、应用的逻辑与细节。

3. 以流程和资产库建设为抓手

以流程为中心也称面向流程。从哈默教授 20 世纪 90 年代提出业务流程再造以来,许多企业进行实践,提倡以流程为中心,在流程思想的指导下完成从职能型组织向流程型组织的转变。重新设计企业的经营、管理及运作方式,优化、改造业务流程,提升企业运营效率,打造端到端流程,最大程度满足客户需求,从而使企业能够适应未来的生存发展需要。这要求企业建立流程管理组织、战略能够通过价值链层层分解成具体流程和操作规程、整套价值链条端到端顺畅运行、其他各种管理和控制手段能够"基于流程、落地于流程"等。要求企业能将业务、应用、数据、技术等领域融为一个整体,各领域间通过协作实现这些特征,且各领域尽量松耦合,以增强企业应对变化的灵活性,这些恰恰是企业架构能够帮助企业做到的事情。

当企业处于快速变化环境中,来自业务和管理的挑战对 IT 能力提出了更高的要求,可是大部分问题并不是简单地增加几个"烟囱式"的系统或者拼凑几个方案就能解决的。在极端情况下,唯一可行的解决方案是:完全重构企业核心业务和管理流程、重构组织,并重建业务系统,这是一项难以完成的工作。若在数字化建设过程中能梳理清楚各类资产间的关系,建设企业资产库,当面临变化时,企业就能清楚地知道应该做哪些改变,这些改变会影响哪些方面,将付出多大代价等。如果基础打得好,可尽量减少影响的范围,从而非常快速地应对变化,这样自然有了灵活性。

这里的资产是一个广义的概念,不仅包括看得见的有形资产(如 IT 设备、生产设备等)和看不见的无形资产(如软件、知识产权、土地所有权等)等传统意义上的资产,还包括"环境、战略、业务、流程、组织、数据、应用、IT 等"领域的元素,以及这些元素之间的关联关系等。简言之,只要能为企业带来增值效用的事物都可称为资产。

企业资产库本质上是企业架构中相关信息的另一个表现形式。资产库中存放资产描述、资产间关系等"结构化"后的信息。企业资产库可以帮助企业减少或消除重复项目、降低成本、提高可靠性、增加灵活性,将企业从一个繁杂的、职能部门各自为政的、低效的状态迁移到一个更加有序的、流程化的、高效的状态,深度挖掘业务流程和 IT 系统的潜力。企业资产库也是一个动态的事物,实际情况发生变化时要进行更新。企业架构决定企业资产库的内容,企业资产库为辅助企业架构的落地工作而生。

如图 4.13 所示,这个变革路径不对企业原有习惯的变革路径产生大的影响,并尽量维持原有习惯。同时,对企业架构方法进行适当裁剪,融入企业习惯的工作方式中,做到"润物细无声"。这在落地过程中很重要,不主张一上来就直接按照企业架构方法的步骤大张旗鼓地开展工作,这样往往招致阻力和困难,导致工作难以开展。

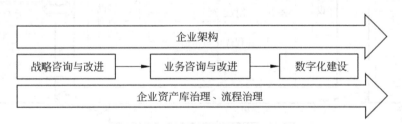

图 4.13　企业进行变革的建议路径

流程建设工作是大部分企业熟悉的、正在做的、知道如何做的,可尽量保持流程治理工作原来的做法。根据实际情况,一方面依据企业架构的理念和具体方法的步骤对流程治理工作做适当变更;另一方面对企业架构具体方法做适当裁剪。这是一个权衡的过程,企业按需决定对流程治理或企业架构方法进行变更或裁剪的程度。这样,以后企业在执行流程治理工作时,同时就在进行企业架构工作了。这样,也很自然地将企业各方力量汇聚在一起,使用合适的、一致的沟通方式进行信息沟通与协作。同时,企业架构会在工作的进行中给出许多反馈和建议，从而影响流程建设工作的质量，发挥企业架构的作用。

　　前文提到，企业资产库是企业架构中相关信息的一种表现形式，可快捷地提供决策信息。在流程治理、企业架构及其他工作开展的过程中，将相关资产及其之间的关系登记、更新到企业资产库中。反过来，这些工作在执行的过程中可以随时从企业资产中及时得到想要的信息。企业资产库治理将在企业维持一个资产库并使之保持活力。

　　企业架构的落地过程可以详细描述为图4.14。

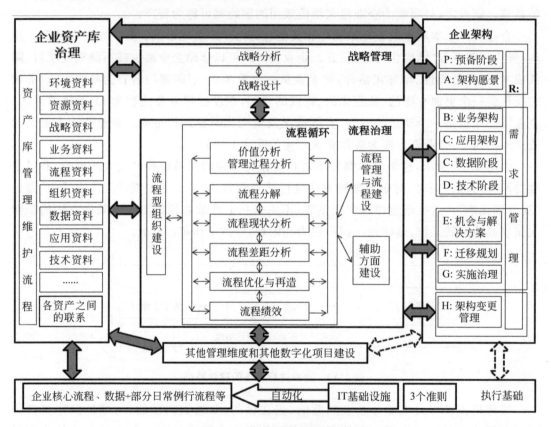

图 4.14　企业架构落地方法

　　企业架构落地方法的简要说明如下。

　　(1) 该方法的主要作用是以流程治理和资产库治理为抓手，实现企业架构的落地。

　　(2) 模型主要包括战略管理、流程治理、企业资产库治理、企业架构、执行基础、其他管理维度和其他数字化项目建设6个组成部分。

（3）模型中间从上至下的"战略管理、流程治理、其他管理维度和其他数字化项目建设"3 部分是企业平时就在开展的工作。该方法建议"以流程治理、企业资产库治理为抓手"进行企业架构建设，可尽量使企业保持原有工作路径和习惯，但需要依据企业架构的理念和要求对相关部分做适当变更。

（4）企业采用的企业架构具体方法需要根据企业的实际情况进行适当裁剪。

（5）企业架构资产库治理是该方法推荐的，将对企业架构落地工作起到很好的协助作用。

（6）企业在开展原有"战略管理、流程治理、其他管理维度和其他数字化项目建设"3 部分工作时，应基本与企业架构、企业资产库治理保持同步与契合。

（7）数字化建设的重点是建设好执行基础。企业进行其他管理维度和其他数字化项目建设时，要基于执行基础。这里的执行基础可以理解为上文提到的"中台"的构建"材料"，或者其本身就是"中台"。

（8）除了流程、数字化外，企业还有许多管理维度（如标准化、风控、质量等）。建议这些维度的建设应立足于流程，并通过流程实现，然后通过数字化提高效率。

4. 服务：从原子开始、关注组合

前面提到，将业务"翻译"到 IT 是从业务架构中识别出服务，然后将服务进行描述定义，再通过应用系统对这些服务进行实现。企业的业务能力可以通过业务组件进行划分，业务组件可以一直层层被拆解至活动，而活动是组成业务流程的"零件"。将流程分解成活动后，针对活动识别出服务，对服务进行描述，进而定义服务。然后将服务通过应用架构中的应用服务组件进行实现。如图 4.15 所示，应用服务组件将组成应用模块，而应用模块可被组合成子系统，子系统被组合成系统。

定义服务是指定义服务的接口，以及具体的逻辑处理过程。通过接口将服务及其实现分离开，如图 4.16 所示。

定义服务关键问题是：流程/服务拆解到第几级才是合适的？（即活动的颗粒度多大是合适的）。答案是：在能实现业务的基础上，拆解到可以被定义成服务，且能定义出数据逻辑模型，能够被应用系统算法逻辑实现的程度。此时，最底层的服务就是原子服务，而调用原子服务的服务是组合服务，组合服务由原子服务及下一层组合服务构成。翻译应从原子（服务）开始，最底层的原子服务由应用实现后，则组合（即上层）服务可通过组装下层服务实现，翻译从下至上逐层递进。组合下层服务的过程就是在编排当前服务的业务逻辑，是需要重点关注的。

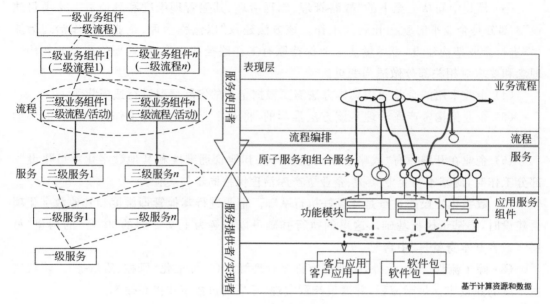

图 4.15　服务层级关系

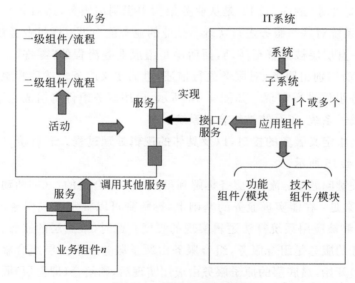

图 4.16　服务识别与实现

4.2　企业业务架构的内容

4.2.1　定义和范畴

企业业务架构又称为企业运营模式,是企业战略转化为实际日常运营的必经之路。广义的业务架构定义包括了产品、销售、客户服务、财务、人力资源等企业全部的业务功能和职责。业务架构是把企业的战略转变成为企业日常运营的目标和形式,明确人员、资金、IT、服务等企业资源如何进行部署和分配。一个企业不可能在所有的方面都做得最好。制定企业战略除了选择要做什么,同时也要选择不做什么。很多成功的企业就是根据自身特点,选择了一个发展方向并做到行业领先。战略会决定业务架构的模式,所以业务模式设计时需要明确以下战略决策:"需要开展什么业务? 产品/服务的市场定位,如是提供最高端,还是最低价,或者是最可靠的产品/服务? 企业如何竞争,是低成本,还是高质量,还是创新? 企业战略目标对运营平台能力的要求,具备什么样的生产能力、硬件设施、技术、合作伙伴等? 企业战略对运营平台灵活性的要求,如是否提供客户化的产品,市场反应速度需要多快?。"

国内很多公司还没有建立运营模式或者业务架构的体系和方法,盲目地采纳了所谓的行业最佳实践,但是却不适合企业自身的特点。有些企业虽然通过流程改造等方法做了局部的优化,但是没有开展支持企业战略的、全面的业务架构优化和创新。很多企业试图在各个方面都做到最好,但却分散了精力,没有自身的特点,行业同质化严重。业务战略其实不只是决定什么要做得最好,也要决定什么不用做得最好。通过业务架构,能够清晰地反映企业的战略方向和决策。

中国现阶段,很多企业家都有很好的战略愿景,但是却找不到能够实现其正确战略的方法。业务架构其实就是实现企业战略的手段。企业的业务架构通过以下 7 个方面的内容规划和描述一个企业是如何运作的,如图 4.17 所示。

虽然业务架构涉及企业运营过程的方方面面,但是企业架构是全局的、高层次的规划和设计工作,是提供业务运营方向性的指导和规范,而不是设计具体的操作手册或者业务规则。具体的实施工作需要由各相关方在业务架构的指导下,通过各个具体的项目分头完成,但不属于业务架构设计的范畴。因而,在开展业务架构设计的时候,要关注企业战略的落地和全局的优化,要放眼全局和未来,不要淹没在业务细节中而丧失了关注度。

1. 业务架构对日常运营的指导

企业设计完业务架构后,就能够从以下 8 个方面指导企业的日常业务运营。

(1)产能:需要提供多少产能? 比计划的产能高、低,或者合适。如何提供需要的产

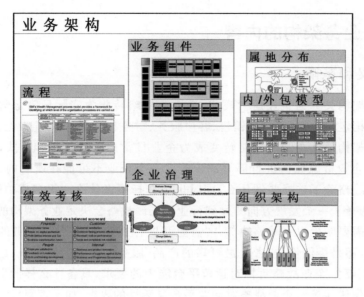

图 4.17   业务架构的构成

能？产能是采用大批量，还是采用小批量实现，是使用加班，还是轮班，是否需要扩大产能和设施？

(2) 设施：是集中的、大型的设施，还是分散的、小型的设施？设施分布的依据？是产品、流程环节，还是地域？是接近客户设置，还是接近原材料产地和劳动力？

(3) 技术：是人力密集型，还是自动化，是实施采购软件，还是自己开发，在技术应用上是跟随者，还是领导者，在哪些方面领先？

(4) 业务平台：是自行制造，还是外购？考虑成本、技能培养和积累。与合作伙伴现在或者未来是否有业务重叠？是否想控制合作伙伴？成为紧密合作伙伴，还是仅是一般商业关系？

(5) 人力：选择员工的条件和技能要求，如何进行培训，培训什么内容？如何聘用和留住人员？

(6) 生产安排和控制：库存的种类是原材料、半成品、成品？是派发任务，还是主动申请任务？

(7) 质量体系：如何保证质量？采用什么质量保障体系？如何使员工支持和参与？采用集中的"质量管理部门"，还是采用分布式的、全员质量文化的方式？

(8) 组织方面：如何进行组织管控？如何安排员工岗位和汇报线？

2. 组织保障

理解业务架构的重要性之后,企业的管理者需要做的是建立一个常设的运营部门负责这项工作。在公司业务决策的过程中,要使用业务架构讨论、理解和解决问题。一般在最初的建立阶段,咨询公司或者外部专家可以帮助企业建立整个体系。在后续的企业运转中,需要具有丰富经验、业务能力强、掌握正确方法的人员负责企业运营的创新和不断改进。业务架构团队应由以下人员组成,见表 4.2。

表 4.2　业务架构团队

人　员	职　责
负责人	一般由主管公司运营的领导担任,提供所需的资源,协调各部门之间的关系,确认设计的成果,推动工作的开展
首席业务架构师	对公司的整体业务架构的设计和维护负责,确定工作方法,领导设计团队,解决工作中的实际问题
业务分析员	运用公司规定的方法,进行具体的业务领域的分析和设计。根据能力的不同,可以分为流程、组织、IT 等不同的领域
专家	可以是公司内部或者外部的专家,提供行业和运营的专业知识,提出建议性的意见,审核和评估设计方案

企业的业务架构包括了业务组件、流程、组件分布、业务平台模型、组织架构、绩效考核、架构管理 7 方面的内容,其中业务组件是进行其他要素和模型设计的基础,是公司业务架构设计的首要工作。本书推荐基于组件化的业务架构设计方法,注重使用业务组件进行流程、分布模式、组织等的系统化设计,使它们能够相互协调和配合。业务组件好比企业建设的部件,会在流程设计、组件分布、组织架构设计中使用。在实际的流程、组织等项目中,还有很多其他的设计方法。这些方法可以与本书介绍的方法结合使用或者相互替换,需要根据企业和项目的情况决定。

4.2.2　业务能力组件

CBM 是 Component Based Modeling 的缩写,直译就是"业务组件建模"。组件化就是把企业的产品、销售、采购、生产、财务等业务功能转变为业务模块,即业务组件。CBM 是通过企业功能组件化的方式对企业重新定义和组合的过程,在一张图上就可以直观地显示出企业的业务蓝图,但 CBM 不仅是企业高层次的描述,而是一个内容丰富的业务模型设计工具。它采用一个全新的视角——组件化的方式对企业进行分析和设计。

1. 业务组件模型

组件化的业务模型是一张业务架构图,使企业管理层能够在同一层面上进行业务决策。每个业务组件都有自己的边界,提供特定的业务服务,也使用其他业务组件的服务。组件拥有自己的资源、人力、技术和能力为企业创造价值。图 4.18 是案例公司 CBM 业务组件总图。CBM 图可以有多层。最高层面的是总图,总图一般又可以分解为 2 层和 3 层 CBM 活动图。

CBM 总图中,纵向是职能层次(accountability level),分为战略规划(direct)、管理控制(control)、操作执行(execute)3 个层次。不同的层次代表企业不同层次的职能。

(1) 战略规划属于公司高层管理者负责的范畴,主要明确战略发展方向,建立总体的方针政策,调配资源,管理和指导各个业务版块。

(2) 管理控制是中层经理进行的管理活动,主要由企业部门经理和分支机构主管。他们负责把战略落实到日常的运营中,监控和管理业务指标和企业员工。

(3) 操作执行是指具体操作的员工从事本组件负责的业务功能,处理业务请求和业务数据,注重作业效率和处理能力。典型的岗位有销售代表、操作人员、工程师等。

CBM 总图中,横向是企业的业务能力(business competencies),即企业创造价值的能力。管理、设计、采购、制造、销售等是一般企业都需要的能力。业务能力的划分能够帮助企业明确不同业务单元的功能,划分它们的边界,确定它们的关联关系。这样可以确保所有的工作都有人在做,而且没有人在做重复的工作,这对于业务架构的设计是至关重要的。虽然这是一些最基本的原则,但是在很多国内的企业中却无法实现。

由于不同行业的企业业务能力和活动有很大差别,所以每个行业都有自己的 CBM 图。图 4.19 列举了银行行业的 CBM 总图。

图 4.19 是根据上百家银行的情况总结出来的,具有广泛的代表性。CBM 图的设计过程是首先定义企业级的业务能力泳道图,再细分每个泳道里的详细的能力,把详细的能力按照战略、管理、操作划分层次,最后定义组件的范围和属性。多家咨询公司已经事先设计好各个行业的 CBM 模板,企业在设计时,不用从头开始。只需要以本行业 CBM 模板为基础进行客户化,适应企业自身的特点。根据经验,对于国内的企业而言,客户化的内容也不超过 20%。

2. 什么是业务组件

业务组件(business component)可以比喻成为建立企业的积木或者部件。一般的企业根据业务的复杂程度,会有 100~200 个业务组件,涵盖了企业所有的业务活动。组件内部的活动在企业范围内要做到全面且不重复(mutually exclusive and collectively exhaustive)。企业所有的业务活动都必须而且只能归属于某一个组件。如果其他组件也需

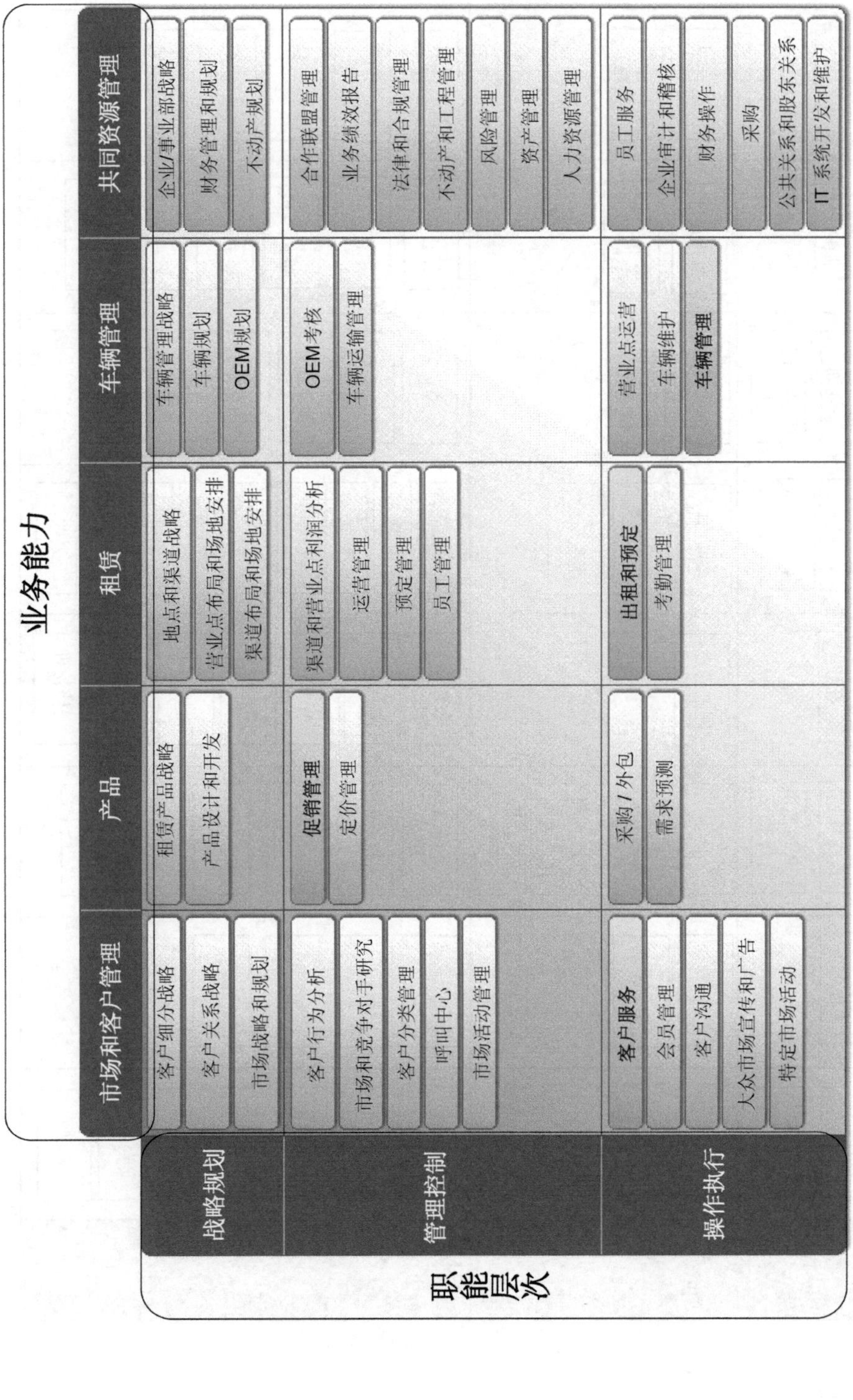

图 4.18　案例公司 CBM 业务组件总图

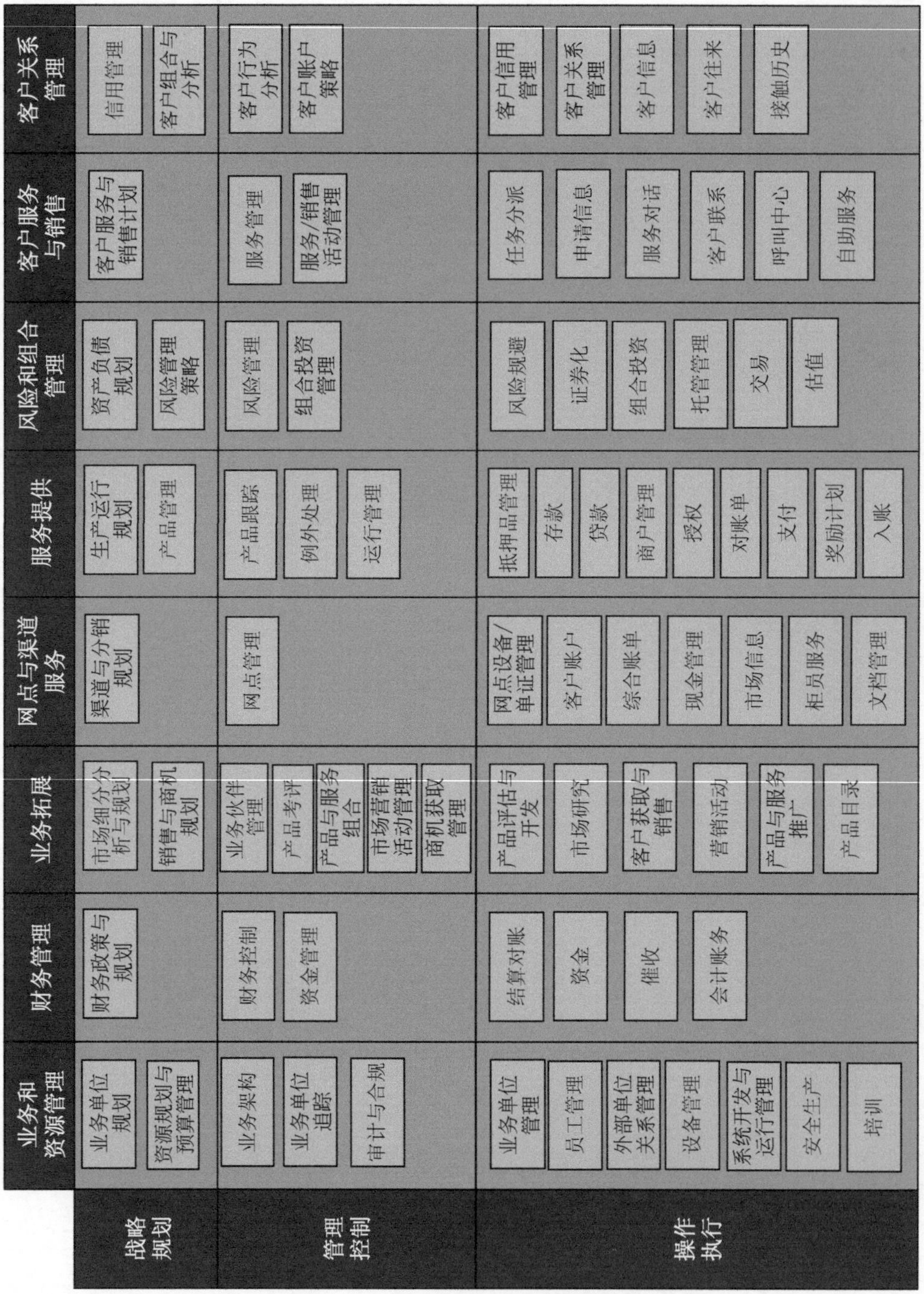

	业务和资源管理	财务管理	业务拓展	网点与渠道服务	服务提供	风险和组合管理	客户服务与销售	客户关系管理
战略规划	业务单位规划 资源规划与预算管理	财务政策与规划	市场细分分析规划与 销售规划与商机规划	渠道与分销规划	生产运行规划 产品管理	资产负债规划 风险管理策略	客户服务与销售计划	信用管理 客户组合与分析
管理控制	业务架构 业务单位追踪 审计与合规	财务控制 资金管理	业务伙伴管理 产品考评 产品与服务组合 市场营销活动管理 商机获取管理	网点管理	产品跟踪 例外处理 运行管理	风险管理 组合投资管理	服务管理 服务/销售活动管理	客户行为分析 客户账户策略
操作执行	业务单位管理 员工管理 外部单位关系管理 设备管理 系统开发与运行管理 安全生产 培训	结算对账 资金 催收 会计账务	产品评估与开发 市场研究 客户获取与销售 营销活动 产品与服务推广 产品目录	网点设备/单证管理 客户账户 综合账单 现金管理 市场信息 柜员服务 文档管理	抵押品管理 存款 贷款 商户管理 授权 对账单 支付 奖励计划 入账	风险规避 证券化 组合投资 托管管理 交易 估值	任务分派 申请信息 服务对话 客户联系 呼叫中心 自助服务	客户信用管理 客户关系管理 客户信息 客户往来 接触历史

图 4.19　银行行业的 CBM 总图

要相似的服务,只能通过标准的调用方式使用,不能重新再定义一次这个活动。这种调用就成了一个服务,这就是 SOA 理念在业务层面的体现。

　　每个业务组件都有自己的业务目标、一系列紧密关联的业务活动、人力、技术、财务等资源、管理的方法以及能够向外提供的服务。业务组件能够独立进行运作,既可以由企业内部完成,也可以外包。图 4.20 详细说明了业务组件内部的组成部分。

图 4.20　业务组件内部的组成部分

　　CBM 业务组件的定义模板可以在 CBM 总图的基础上详细描述组件的价值、活动、资源、考核、IT 支持等信息。由于业务组件是企业架构设计中基础性的工作,清晰的定义会给后续的流程、组织、分布模式、IT 系统等的设计工作打下坚实的基础。表 4.3 是 CBM 业务组件的定义模板。

表 4.3　CBM 业务组件的定义模板

业 务 价 值		主要考核 KPI 指标
在企业中创作的价值…		KPI 1 KPI 2…
2~3 级活动	资源和成本预测	业务平台
2 级活动 3 级活动…	1~3 年资源计划… 1~3 年成本预测…	业务平台的原则… 是否业务平台
服务	IT 应用	IT 基础设施
组件提供的服务 组件需要的服务	应用系统 1 应用系统 2…	服务器、网络、数据库……

　　业务组件的特点如下。

　　(1)业务组件是独立的业务模块,在企业系统中承担特定的职责。组件可以是企业自己完成或者由合作伙伴完成。企业组件化的过程也是内部和外部专业化的过程,企业可以通过组件化建立价值网络,重复利用外部资源提升自己的竞争力。

(2)组件内部各个活动之间是紧密关联的,与外部其他组件的关联程度较低。所以,组件是可以独立运作的,使得专业化分工和外包成为可能。

(3)每个业务组件的输入和输出都高度标准化。组件不能直接使用其他组件内部的活动或者资源,只能根据组件之间的标准接口提出服务请求而获得所需的服务。

(4)组件一般都拥有自己的资源,完成特定的活动提供价值的时候也会消耗资源。也存在没有资源的组件,它们只能通过调用其他组件的方法完成自己的功能。

前面提到过企业的战略要注重特定的领域,发展目标是在某些方面做得最好,而不是什么都想做得最好。在运营层面,企业需要明确支持战略重点的业务组件,集中精力和资源把它们做到最具竞争力。在对国际领先企业的调查中发现那些成功的企业只关注少数几个"专业"化的组件,并且在行业中做得最好,从而得到比一般企业更高的回报。

3. 业务组件中活动的定义

组件的功能是由它的活动体现的,所以活动是组件最主要的组成部分。图 4.18 和图 4.19 中的业务组件是企业级组件,或称为一级组件。一级组件由多个二级活动组成;二级活动又可以分解为更详细的三级活动。如果把企业比喻成一辆汽车,一级组件就是发动机、轮胎、制动等部件;二级活动是组成发动机的曲轴、供油、点火等部分;三级活动则是更细小的零部件。组件的三级活动,就会与流程设计中的活动相吻合。所谓流程,就是为了完成一个特定的业务目标而把多个活动组合起来而形成的。活动就是设计流程时的零件,把这些零件组装起来,就能形成各式各样的流程,如图 4.21 所示。

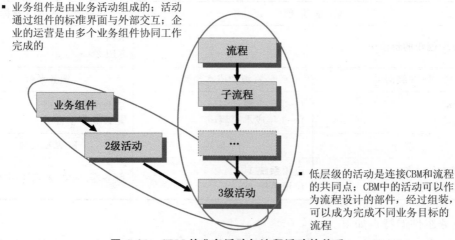

▪ 业务组件是由业务活动组成的;活动通过组件的标准界面与外部交互;企业的运营是由多个业务组件协同工作完成的

▪ 低层级的活动是连接CBM和流程的共同点;CBM中的活动可以作为流程设计的部件,经过组装,可以成为完成不同业务目标的流程

图 4.21　CBM 的业务活动与流程活动的关系

在 CBM 定义中,工作量最大的是定义组件内部的业务活动。表 4.4 是以某公司的客户服务组件为例,进行二、三级活动的分解。

表 4.4　客户服务组件二、三级活动分解

业务组件		二级活动	三级活动	三级活动解释
客户服务	组件的定义:管理公司与客户和合作方的客服活动	发起客服活动	公司发起客服活动	公司主动联系客户或合作方,包括准备清单、活动内容、发起等
			跟踪潜在客户	通过对潜在客户的跟踪发现/促进销售机会
		接受服务请求	接受和回复客户服务	接受客户来自各渠道的活动请求,了解客户的需要
			分配客户的服务请求	根据规则将活动分类,分配到合适的资源,并触发相应的后续活动
		管理客户满意度	记录客户服务活动信息	记录活动(客户)的关联方、期间、状态、结果等信息
			调查客户满意度	制定客户满意度调查清单和分析结果
			跟踪投诉	跟踪投诉事件(如日期、处理人、结果等)

一般企业有 100 个左右的一级业务组件,当分解到二、三级活动的时候,工作量会变得很大。假设每个组件有 3~5 个二级活动,10~15 个三级活动,那么就会有 300~500 个二级活动和 1000~1500 个三级活动,加在一起二、三级活动会有 2000 个左右。虽然工作量很大,但是对于理清企业的运营情况是十分必要的。在流程、组织、IT 系统等的设计过程中,主要使用二、三级活动。

4. 业务组件模型 CBM 的应用

CBM 在战略分析,业务模式转型,流程设计,支持 SOA、微服务系统设计等方面有广泛的用途。

1) 战略分析

CBM 可以作为战略分析的工具。在战略决策过程中,综合分析和考虑每个组件的竞争力、灵活性、成本等条件,可以发现战略性的业务组件,也称为"热点"组件,作为企业重点发展和投入的方向。"热点"组件是公司未来战略发展的重点。

2) 业务模式转型

在 IBM 全球 CEO 调查中发现,2/3 的 CEO 都在考虑业务模式转型的问题。企业可以利用 CBM 分析运营活动,设计未来组件化的企业。利用众多合作伙伴建立企业价值网络,而不是自己拥有全部资源。改造企业落后的业务模式,进行行业模式、收入模式或企

业模式的创新,从而在新一轮的竞争中具有领先的优势。

3)流程设计

CBM 可以帮助流程改进设计,发现效率改进和降低成本的机会,理顺跨部门的业务流程,从而达到企业级的流程最优。以往的流程再造(BPR)的方法只是在局部和部门内部的优化。由于缺乏各部门之间的沟通和企业层面的协调,造成很多职能重叠和浪费,流程之间的共享和交互能力低。虽然单个流程做到最优了,企业整体却没能得到优化,可能还增加了成本。在基于 CBM 的流程设计中,三级活动是建立企业流程的零件库。不同的业务流程是把三级活动组合起来而形成的,充分体现了"组件化"的概念。企业可以通过拼装三级活动,快速生成各式各样的流程,应对市场和客户的变化,而企业内部相对稳定,达到了内部专业化,外部差异化的目的。

4)支持 SOA、微服务系统设计

CBM 还可以作为 IT 需求的提供者,特别是在建立面向服务架构 SOA 的 IT 系统时,CBM 能够从业务角度提出对 IT 系统的业务需求。CBM 的热点图分析可以根据业务的重点明确 IT 的战略。业务组件化也支持了 IT 系统组件化的工作,能够充分利于现有的 IT 投资,建立灵活并具有扩展性的 IT 系统。CBM 还可以发现业务组件的服务提供和服务需求,进行 SOA 服务开发。

4.2.3 业务流程

业务流程(process)是企业进行业务运作的载体,业务运营过程实际就是执行众多流程的过程。业务流程也是连接各业务部门(业务能力)的载体,端到端流程多是跨部门/跨能力域的,在过程中实现增值。

企业面临改变时,首先要做的事情不是立即开始数字化建设,也不是一开始就进行调整组织结构等管理改进,而是先分析内外部环境,梳理战略、业务、流程的关系,通过流程呈现现状,再进行 AS-IS、TO-BE 分析,对业务和流程进行变革,最后启动具体的相关项目。从业务流程出发,几乎所有变化都可以"基于流程、从流程中来、到流程中去"。而且,业务流程承载着企业的能力,体现业务模式。

企业的愿景、企业所处的内外部环境、所拥有的资源和能力决定战略,战略决定业务模式;业务模式要求企业必须具备某些能力;能力由各级流程承载或实现;组织为实现战略和执行流程而生,战略和流程决定组织结构;数据是流程执行时传递的对象;业务决定IT,IT 系统能使流程运转得更顺畅和高效。如图 4.22 所示,企业的其他管理维度和手段都要"从流程中来,到流程中去"。

如企业需要贯标 ISO9000,则可以把标准涉及质量的流程找出来进行对标检查,看哪些地方达标了,哪些地方不达标,甚至缺失流程,这个过程就是"从流程中来"。然后,根据

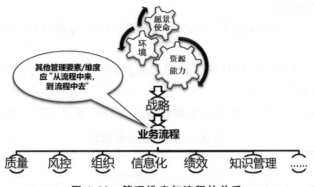

图 4.22 管理维度与流程的关系

分析出的问题出具改进方案,对现有流程框架和具体流程进行"升级""打补丁"等,使之符合标准,这个过程就是"到流程中去"。不管企业贯标多少标准,最终整个企业的流程框架和流程是一套,且是同一个版本,不会出现为了满足不同标准,而并行多套、不同版本的流程。

流程设计的方法有很多,比较著名的有 6 Sigma、BPR、BPM 等。很多企业和咨询公司也在实践中总结了自己的流程设计的方法论。本书主要以应用比较多的基于 BPM 的流程设计方法,并结合 CBM 组件化的理念进行介绍。

著名的企业管理大师迈克尔·哈默(Michael Hammer),流程再造 BPR 的创始人,1990 年在《哈佛商业评论》上发表了一篇名为《再造:不是自动化,而是重新开始》的文章,率先提出企业流程再造的思想,认为企业如果想得到重生,就需要根据客户和市场的情况重新设计业务流程。BPR 追求企业突破性的提高,其核心是流程的重新设计,强调彻底性、根本性的变革。但是,BPR 的实际结果并不是很理想。哈默本人也承认 50%～70%的流程再造的项目都没有达到预期的效果,或者说是失败了。作为一种全新的业务改造理论,BPR 还不成熟,方法体系和分析工具也不健全,特别是没有考虑到人的因素使 BPR 在实践中出现了问题。

经过总结经验,企业认识到即使实施了流程再造,也必须经过一段很长时间的调整与改进,才能达到目标。进行流程再造的企业犹如完成一次质的飞跃,但是巩固改造的成果还需要企业进行持续的流程管理。那些没有进行流程再造的企业也可以通过流程的优化和规范化,逐步提高企业的经营能力和竞争能力,这就是流程管理(business process management,BPM)的主要理念。

流程管理是依据业务活动与其所服务的经营目标之间的关系,对企业内部的流程、职责等进行设计和安排,以保证完成的任何一个活动都能最大限度地支持企业最终的价值目标。流程管理的内容有：

（1）流程规范：整理企业流程，界定流程各环节的内容及各环节间的关联关系，形成业务的无缝衔接。

（2）流程优化：企业流程的持续优化过程，持续审视企业的流程并进行优化。不断自我完善和强化企业的流程体系。

如表 4.5 所示，BMP 的生命周期主要有设计、模拟、执行、监控、优化 5 个阶段。

表 4.5　BPM 的生命周期

阶段	描　述
设计	绘制现有流程和设计未来流程，定义流程中的岗位、信息传递、标准操作手册（SOP）、服务水平协议（SLA）、业务的交接方式等。从监管、市场、竞争多个方面发现流程中的改进点
模拟	通过不同的场景，测试新设计的流程，如改变原材料成本，提高办公租金等变量，发现流程的运作情况。也可以进行假设测试（what-if-analysis），如所有人都处理相同的工作，或者 70% 的人处理相同的工作等
执行	流程的运行需要系统支持，可以购买软件或者自主开发系统。通常，流程不能完全自动化，需要人工处理和系统处理相结合，但是会降低效率和时效。对于工作量大的环节，建议最大程度地实现自动化处理。最新的流程引擎和规则引擎技术能够帮助建立比较灵活的流程。流程图可以转换为流程语言，如 BPEL，系统可以自动执行；在流程中的业务规则可以设置在规则引擎软件中，系统就可以代替人工做出事先设定好的业务决策
监控	统计特定流程的运营数据，评估其性能是否达到目标。例如，监控客户订货流程，跟踪订单到达，配送产品、收款等各个流程环节的情况，发现流程运转中的问题。好的 IT 系统会提供足够的流程数据，支持流程分析。很多时候，企业不仅监控自己的流程，还会监控合作伙伴的流程，帮助它们提高效率，改善最终客户的感受
优化	在模拟或者监控阶段发现流程存在的问题后，提出降低成本、提高效率的改进方案，反馈到设计阶段，从而开始新的流程管理的周期

流程是企业自动化的起点，IT 的很多需求都来自流程的设计。定义好流程只是完成了第一步，更多的时间和精力是把纸面的流程通过 IT 系统实施推广，使整个企业都采用新的流程进行业务运作。很多企业对流程都有一些管理，但是都处于很初级的阶段，大多是使用 ppt、visio 设计和记录流程，缺乏对流程设计、运行有效的控制和工具，需要建立流程建模和监控的机制。流程的修改也不能是随意的，要在流程的架构设计、流程设计、流程实施、维护和优化等方面都建立系统的控制手段。

1. 流程设计的标准

进行流程设计时，制定统一的流程层级和设计标准十分重要。由于设计流程是一个团队合作的过程,如果没有标准,就会陷入混乱。还有很多项目设计流程时没有分层设计,一开始就从最具体的活动设计,没有考虑高阶流程的设计思路以及流程间衔接的问题。如图 4.23 所示,正确的设计要根据详细程度,把流程分为 1～5 级设计。1 级流程是最高层次的业务流程,4 级流程是详细到具体的业务活动,比 4 级流程更详细的是流程说明或者标准作业指导书(SOP)。

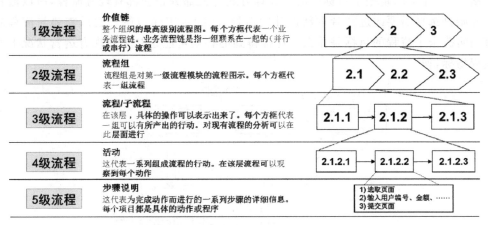

图 4.23　业务流程分级设计举例

流程设计使用的符号体系也有很多,下面介绍的是比较常见的一些流程符号的定义(图 4.24)。

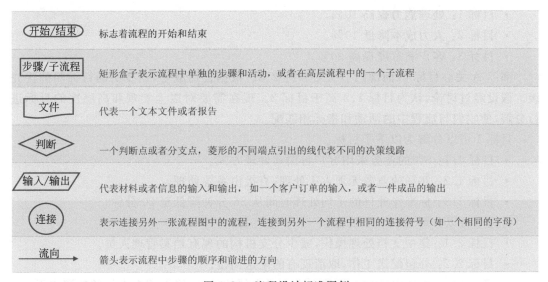

图 4.24　流程设计标准图例

当然不同的流程设计方法的流程层次和表达方式也不相同。本章简单介绍 SIPOC、BPMN。不同的流程设计都有自己的特点,最重要的是能够被企业各个方面的人员掌握,有设计工具支持,能够进行有效的沟通。

2. 基于目标的流程设计方法

图 4.25 介绍的是基于目标的流程设计方式。大部分企业都有现有流程,所以流程设计的开始是选择需要改进或者重新设计的流程,即确定工作范围。之后需要与流程的属主部门明确未来流程的目标是什么。这样得到的答案可能是几个在现有运营状况上改进的流程指标,如

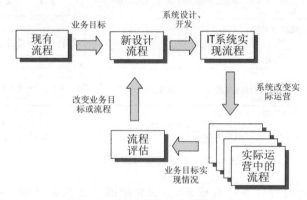

图 4.25　基于目标的流程设计方式

- 目标 1:处理能力提高 10%。
- 目标 2:人力成本降低 10%。
- 目标 3:客户满意度提高 20%。

部门 A 关心目标 1;而部门 B 关心目标 2、3。根据公司战略,需要明确目标间的优先级。假设经过讨论,认为目标 1、2 高于目标 3。现在需要对以上宏观和高层次的目标进行分解,使它们与流程中的活动和指标相匹配。

目标 1 可以分解为以下子目标。

- 目标 1.1:5% 的业务采用客户自助式处理方式。
- 目标 1.2:20% 的业务无须人工处理,直接由系统处理。
- 目标 1.3:标准作业件的平均处理时间从 25 分钟降低至 20 分钟。

目标 2 可以分解为以下子目标。

- 目标 2.1:集中文档处理操作,减少分支机构的现有档案管理人员。
- 目标 2.2:外包配送工作,取消现有的配送岗位。
- 目标 2.3:新的电话中心设置在人力成本低的地区,降低现有人员的工资水平。

在目标分解的过程中,可以发现有些底层的目标可以支持多个高层次的目标。例如,目标 1.1 不仅支持目标 1,而且还支持目标 2,可以成为改进的重点。有了这些目标之后,可以进行不同层级流程的设计。流程有多种表现方式,如泳道图、SIPOC 图、UML 图等,使用的工具也有很多,可以用 Microsoft Office PowerPoint、Viso,或者 IBM Websphere Process Modeler 等专业的流程建模和模拟软件。

在流程设计的过程中,需要考虑业务组件模型、业务组件分布模型、内外包模型、现有业务流程中的问题、对未来业务发展的设想等因素。当然,流程设计和以上这些模型的设计是相互交互的,可能会发生由于流程设计的原因而对这些模型进行调整的情况。重要的是,对业务架构各个方面的设计须保持一致,不要出现冲突或者遗漏的情况。所以,业务架构涉及的 7 个方面的管理和沟通也是一项很重要的工作,属于本章最后一节介绍的架构治理的范畴。

3. SIPOC 流程设计方法

在六西格玛(6 Sigma)中,经常使用的流程设计和改造的方法是 SIPOC,它是由 5 个字母的简称组合而成的,分别是:

-S:Supplier/供应者:向核心流程提供关键信息、材料或其他资源的实体。流程可能会有众多的供应者,只列出提供关键资源的供应者即可。

-I:Input/输入:供应者输入的资源,要明确说明输入资源的要求,如输入的某种标准的材料、输入的某种类型的信息等。

-P:Process/流程:使输入转化为输出的一组活动,企业通过一系列的活动使输入的内容增加价值,成为输出。

-O:Output/输出:流程的产出即产品。输出也可能是多样的,但只需要列出主要的和关键的成果。

-C:Customer/客户:接受输出的人、组织或流程,不仅指外部顾客,而且包括内部顾客,如材料供应流程的内部顾客就是生产部门,生产部门的内部顾客就是营销部门。

SIPOC 图是一个高层次的流程设计图,它包括了流程的输入、输出、供应者、客户和流程的步骤 5 方面的信息。设计的过程是首先画出流程的各个步骤,再设计出流程的主要输出物,以及这些输出的使用者和后续流程;之后再识别流程的输入和输入的要求;最后发现输入物的提供者,可以是前续流程、IT 系统、供应商等。SIPOC 图能展示出一组跨越职能部门界限的流程,可以用一张图勾勒整个企业或者业务部门的流程。图 4.26 中的步骤 1~5 体现了以上描述的 SIPOC 图的设计顺序。

在六西格玛的改进理论中,经常使用的过程改进方法 DMAIC 是指定义(Define)、测量(Measure)、分析(Analyze)、改进(Improve)、控制(Control)5 个阶段。DMAIC 一般用于对现有流程的改进,包括制造过程、服务过程以及操作过程等。SIPOC 是定义阶段使

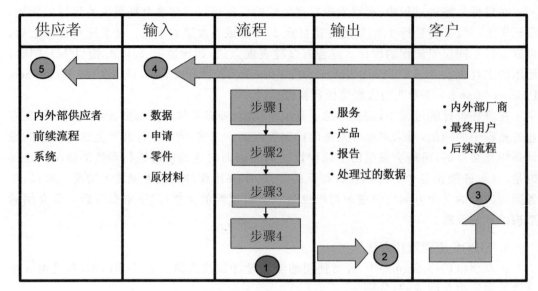

图 4.26   SIPOC 设计过程

用的方法,帮助明确流程改进的范围和改进点。它的好处是能展示出跨越职能部门界限的活动,不论一个组织的规模有多大,都可以用一个框架勾勒其业务流程,有助于保持全局的视角。在详细流程设计的时候,通常使用其他的流程设计方法。

流程设计的方法和工具有很多,除这里介绍的内容外,还有 UML、IDEF、ARIS 等多种流程设计方法。无论使用什么方法,流程设计的关键都是建立目标、发现问题、快速地再造或者改进流程,不断监控,循环反复,逐步提升运营业绩。通过与行业通用的关键 KPI 指标的比较(如人均产能、平均处理时间等),企业可以发现自身的不足,不断提高运营水平。

4.2.4   业务能力分布模型

业务能力分布模型(location model)也叫属地模型,是企业业务架构中决定业务活动在什么地点执行的模型。通过客户接触程度和作业量两个维度,对企业的业务组件进行评估,就可以发现哪些组件可以集中(中台处理、业务单元总部处理),哪些组件需要分散处理(在分支结构处理)。

接触客户的程度:衡量一个业务组件或业务活动是否需要面对面地接触客户。通过数字化技术,包括客户自助处理、智能客服、视频、智能终端等,尽量把以前面对面接触的场景转化到线上。当今客户购买的渠道丰富多样,既有企业自有渠道(如企业网站/App/柜台),也有社交媒体、电商平台等第三方渠道,如何在众多线下、线上的体系中把企业的业务能力/活动进行合理布局,保证线上线下的无缝衔接和客户的最佳体验。

作业量:从运营作业量的角度衡量业务组件或业务活动的作业规模,根据作业量的大小,决定业务组件或活动专业化或自动化的程度。针对作业量大的工作,可以通过流程自动化和智能化的方式提高效率。

在图 4.27 所示的评估矩阵中,根据作业量的高低和客户接触程度的多少,分析每个象限业务能力的特点。在设计分布模式的时候,需要分析企业业务能力可属于哪个象限,再根据每个象限对应的设计建议进行优化和转型。

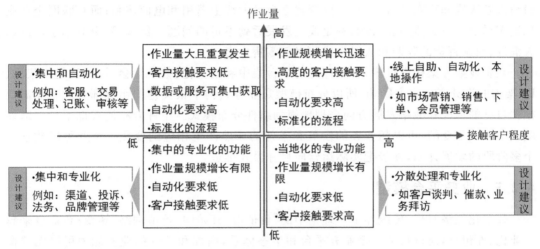

图 4.27　业务能力分布评估矩阵

经过评估矩阵发现业务能力的分布属性后,还需要再考虑以下的限制性条件,对分布模型进行调整。

运营成本:在中台集中/线上处理后,是否比现在成本降低,是否产生了规模效益?

风险控制:是否有利于业务运营中风险点的控制,降低风险可能带来的损失?特别是在业务数字化后,对于客户个人隐私数据的保护,防止泄露带来的法律风险。

监管要求:政府是否有监管的要求,对集中处理/数字化处理是否有监管障碍?如电子发票在税务认可之后,才能进行数字化处理。

接受程度:主要是指外部的合作伙伴或者客户是否对中台集中或者线上处理有一定的要求,能否接受企业新的数字化的操作模式?例如,合作伙伴的系统陈旧,接口处理能力低,会影响系统对接的效果。这种现象在互联网企业和传统企业业务对接的时候经常出现。企业内部对新模式的接受程度不是主要障碍,内部问题可以通过数字化转型措施解决。

国内外现在很多企业的模式都是向业务中台集中和平台生态发展,最大限度地发挥规模效益和竞争优势,保证企业快速反应并占领市场。所以,在考虑以上这些限制因素时,需要综合各种情况,权衡成本、效率、管控之间的关系。对于处于不同发展阶段的企业,或者不同的业务线条,其分布模型的侧重会有不同。例如,对于刚刚建立的企业,中台集中比较容易实施,但是规模效益却很难实现;而对于历史比较悠久的企业,需要很大的决心和执行力,才能打造业务中台。但是,一旦中台集中完成之后,就会建立快速的反应能力,并实现规模效益。

另外,一个业务能力布局的趋势是传统企业向线上发展,拓展在线平台和线上渠道,纷纷入驻天猫和京东平台,并投入巨资建立自己的线上营销和电商体系;而互联网企业则抓紧布局线下业务能力和机构,补足线上发展后劲不足的问题。例如,阿里对苏宁、百联、大润发、银泰百货的收购和入股组成阿里新零售生态。

在企业业务架构设计中,业务能力的中台集中和线上化、数字化会对流程、组织架构、IT架构的设计产生重大影响,所以分布模型是业务架构中很关键的组成部分。企业需要根据自己的情况和战略发展方向合理地规划组件分布模式。组件分布模式也不是一蹴而就或者一成不变的,可以随业务的发展和条件的成熟产生相应的变化。企业可以建立一个多阶段的发展计划,逐步把实际运营向目标模式推进。

4.2.5　业务平台模型

数字化经济时代,传统经济学理论中的"价值链"开始向"价值网络"转变;企业越来越专业化、外包化,通过打造一个业务平台和生态体系,内部和外部的业务能力可以无缝衔接,通过与合作伙伴和客户协作创造价值。

业务平台模型在业务架构中决定业务能力是采用内部专业分工实现,还是采用外包方式实现,即决定是由企业内部完成某个业务能力,还是由外部合作伙伴完成。通过以下评估矩阵(图4.28)对业务能力的评估(前提是已经确定了企业的业务能力组件),能够发现哪些能力是企业的核心竞争力,这些组件需要企业自己负责。在行业内没有差异性的组件,可以外包。每个业务组件根据图4.28中的差异性和同质化、企业特色和行业通用两个维度进行评估。通过对企业各管理阶层的访谈和召开讨论会的方式,对企业所有的业务能力进行评估,并放到图4.28中的4个象限中。第3、4象限中的业务活动可以考虑外包,但是外包的方式有所不同。对于第3象限中批量处理的组件,外包时首要考虑的是成本和高可靠性;而第4象限中的组件需要交给优质的、关系紧密的合作伙伴,与他们形成战略合作关系。

经过评估矩阵发现适于外包的组件后,还需要再考虑以下限制性条件,过滤掉由于不满足限制性条件而不能外包的组件。

(1)市场成熟度:在企业运营的地区内,是否存在能够提供可靠、高质量、足够的处理

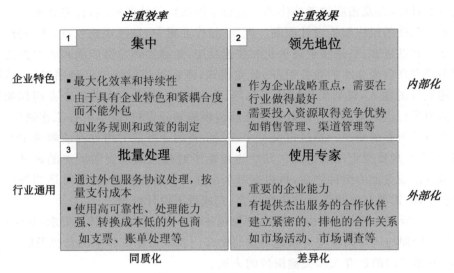

图 4.28　平台能力评估矩阵

能力的外包商或者合作伙伴。例如,现在电商的物流服务很多都外包给第三方物流公司,比企业自建物流大大降低了成本。但与众不同的商业模式和竞争力定位决定了京东采取自建物流的道路。

（2）政府监管：政府是否有监管的要求,不允许外包或者由合作伙伴运营特定的业务活动。

（3）外包接受度：企业员工或者客户是否比较容易接受对某业务组件的外包。

（4）外部对企业的接受程度：外包商或者潜在的合作伙伴是否对合作对象有一定的要求,企业是否符合这样的要求。

当然,在考虑业务平台的时候,企业根据自身的行业特点还需要综合考虑很多因素,这里就不一一赘述。重要的是,在设计企业业务架构的时候,需要进行业务平台模式的设计,并且在流程、组织架构、IT 架构的设计中考虑到平台发展的需求,充分发挥价值网络的优势,建立企业差异化的、创新的发展模式。例如,携程上线的旅游"开发平台系统",方便让旅行社、服务供应商、酒店等合作企业与携程进行业务对接。2018 年携程线下门店销售额近 100 亿元,有 9000 多名注册向导,1500 多家供应商,已经发展成为成功的旅游业务平台。

4.2.6　组织结构

组织架构设计是根据企业的发展战略制定能够支持业务流程和发展需要的部门、岗位和人员的设置,以及相应的考核体系。进行组织架构设计的时候,首先要根据公司的发展方向制定明确的组织架构设计原则。例如,是作业集中,发挥规模效益,还是分散运作,注重灵活性和贴近客户;是注重扁平化和快速反应,还是加强总部职能和风险控制等。

很多原则在前面介绍的业务组件、分布模式、流程等的设计中已经明确了,可以作为组织架构设计的输入,规划出包括公司总部、分支机构、业务中台等的企业组织架构。根据业务能力进行组织架构设计的好处是能够清晰地划分责权,既不会有工作缺失负责人,也不会有责任重叠的情况。通过定义每个部门负责的业务能力组件而清晰地定义部门职责范围,不会出现推脱责任的情况。其中也包括了对外包商负责的职能的定义。确定每个部门负责的业务能力组件之后,再根据每个组件内部的业务活动,安排适当岗位负责特定的业务活动,需要与流程设计结果相结合,完成以下设计内容。

(1) 编写所有关键岗位的岗位定义,详细描述每个岗位的职责、技能要求和业绩指标。

(2) 在管理与运营流程中清晰地界定每个部门及人员在流程中的角色及职责。

(3) 安排部门的负责人和关键岗位的人选。

一般在设计的过程中,需要提出几种不同的组织架构模式和它们的特点,替企业领导进行决策。设计团队通过有效的沟通,与公司各级人员达成对改革的共识。

数字化转型的组织机构设计是转型成功的关键因素之一。不同的企业根据自身的情况,组织架构的设计有分散、IT 支持、IT 共享、混合共享 4 种模式(图 4.29)。

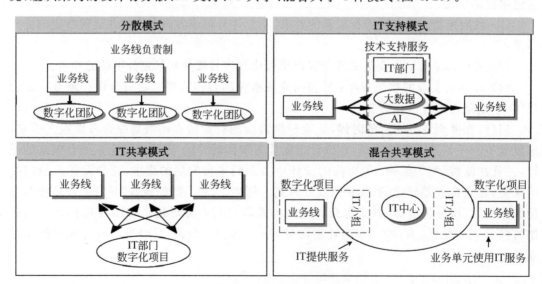

图 4.29 数字化组织架构建设模式

传统企业在做数字化转型时,数字化组织调整可以借鉴以下 4 种模式。

分散模式：每一业务单位都建立数字化项目团队，负责本业务线的数字化工作，会需要外部咨询和技术公司的支持完成。IT 部门负责现有旧系统的维护。优点是数字化团队与业务部门结合紧密，熟悉业务情况和转变方法；不足是各部门会有重复研发，各个业务系统之间的集成和共享可能会出现问题。

IT 支持模式：业务单位负责本部门的数字化项目，但大数据、AI、云计算等基础设施和研究由 IT 部门负责，各业务部门在 IT 建立的基础平台上开展数字化转型。

IT 共享模式：数字化的 IT 资源和开发完全集中共享，便于专业技能的集中使用。业务部门提出需求后，由 IT 部门建立数字化项目组完成开发。这种模式对 IT 部门的要求比较高，要求传统的 IT 部门从人员技能、开发模式、技术储备等方面向互联网公司靠拢，同时需要 IT 人员对业务有很好的理解，能够快速提出方案并实施。

混合共享模式：开发资源由"共享服务中心"负责提供，业务单元内设置需求设计和部分常设开发人员。数字化项目大部分的开发人员都从共享中心的资源池中调配。项目完成后，开发资源释放回资源池供其他项目使用。

互联网公司十分重视对业务中台的建设。通过强大的中台，能够快速推出创新服务，支持各业务线多变的需求和运营压力。同时统一的、集中的中台也通过规模化运营降低了企业整体的成本。其实，业务共享的模式在 10 年以前就已经出现了。当时很多传统企业都把分散的业务进行集中，建立了运营共享中心、财务共享中心、人力资源共享中心等。如图 4.30 所示，平安保险集团早在 2004 年就启动建设了运营管理中心，其职能主要是为整个公司建立一个高效率、以客户为中心的运营平台，服务于人寿保险、财产保险、证券、投资及银行等多个业务线。

但传统的业务共享中心与互联网企业的业务中台有以下 3 个不同的方面。

（1）业务中台同时具备业务服务和强大 IT 开发功能，而传统业务共享中心不包括 IT 智能，仍然依靠 IT 团队开发系统，项目周期长，不能快速迭代开发。

（2）业务中台功能全面覆盖了价值链的各个环节，能够提供较大的业务价值。但是，传统业务共享中心还处于被业务线指导的地位，负责比较低端的、大工作量的操作类功能，对业务的决定权和影响力比较弱。

（3）互联网企业集中的业务线和业务中台运营模式和简洁的组织架构，使两者之间的沟通和协作更加高效。传统企业由于历史原因，虽然共享运营中心是集中的，但是总部、分支机构、运营中心三者之间是分散分布的，三者的组织结构和汇报关系交叉复杂，造成协作和沟通成本比较高，对业务线和客户的支持程度相对弱，这也是不同类型企业基因决定业务模式很好的体现。

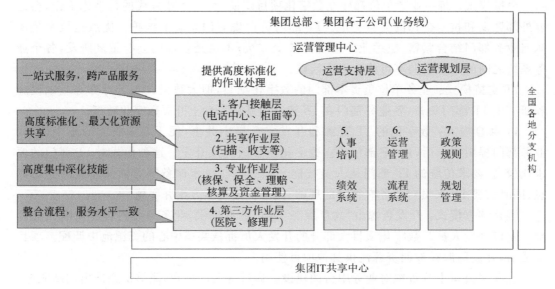

图 4.30   平安运营共享中心业务能力图

4.2.7   绩效管理

企业制度可分为两大类:激励制度、管理制度。其中,激励制度回答"员工如何激励"的问题;激励制度体现财富分配规则,目的在"激励",包括企业的产权制度,以及与之适应的工资、奖金等激励制度等;管理制度回答"运营如何高效"的问题,体现生产的效率规则,目的在"规范运营、降本增效"。而战略是回答"做什么"的问题。好的激励制度很大程度上可以让笨人变聪明、让懒人变勤劳、让恶人变善人、让坏人变好人,激励制度对于增强企业活力至关重要,绩效管理就是让激励制度发挥作用。

"业务流程"表达企业的"事情","组织结构"表达做事情的"人/角色",而绩效管理是连接"事情""人"的强纽带。"事情"需要"人"执行,而"人"因为做了"事情"又被考核、被激励。所谓绩效,即针对"人"按照既定逻辑计算出其做了多少"事情"而评估出的结果。

激励有其基本原理,首先需要充分考虑被激励对象的核心需求,如通过相关者利益分析矩阵,将被激励者真正需要的东西及企业需要的东西通过激励制度建立关系;激励制度一定要通过相关方熟知的原则、规则、流程、规章、制度等形式表达出来。激励制度就是基于原理,充分考虑相关的利益权衡,拟定恰当的制度,实现共赢。

激励制度的建设可以考虑基于如下原则。

战略导向:以公司战略和发展为整体方向,注重将战略转化为具体行动;激励模式要为公司未来想实现的主要目标服务,表现为指标、指标目标值、指标计算逻辑、分配规定等。

沟通：激励模式的设置是非常有艺术的事情，最合适的激励模式不是领导或专家设计出来的，而是通过与主要利益相关方"沟通"出来的。激励解决的是人的"意愿"的问题，激励模式与主要利益相关的利益取向一致，才会真正发挥作用。激励制度建设的前序工作是做"利益相关方分析"，必要情况下需要调整组织结构。

实效：强调考核体系的实效性和可操作性。指标的数据来源明确、计算逻辑清晰、结果透明；被激励对象与其授予的激励之间有直接关系，应基于个人的努力影响作为激励基础的绩效（即基于其本职工作做出的贡献进行激励）。

绩效管理除了为全员提供一个公平的评估、激励手段外，其重点在于激励企业的核心员工，使之具备主人翁意识，发掘个人和团队潜能。好的绩效管理回答好几个问题：哪些人应纳入激励范围？用什么激励？拿多少钱激励？如何做到公平合理？如何设定模式等？即需要在事前，在充分沟通的基础上做好"定人、定具、定量、定均、定价、定结构、定模式"的工作。

定人：确定被激励对象，通常为在职管理者、业务/技术骨干（价值创造者）等核心人员。

定具：选择激励工具，选择是采用实股、期权，还是采用利润分享形式（长、中、短期综合考量）。公司可以用于激励的资源大类有工资、利润（奖金、福利等的来源）、股权（期权、股权、股票增值权等的来源）。

定量：确定激励额度，即确定总体授予额度与个体授予额度，避免激励不足或激励过度。建议从公司的增量中拿出一部分进行激励（公司赚钱，个人才能赚钱），因为存量代表现状，而增量代表未来。

定均：制定规则，做到"公平、公正、公开"，拒绝撒胡椒面和暗箱操作，不同被考核对象的考核内容和激励兑现方式要有所区别，一定要禁止撒胡椒面，雨露均沾。

定价：涉及合伙人计划或员工持股计划，才会涉及定价，即敲定授予（股权）时的价格定价策略。

定结构：涉及合伙人计划或员工持股计划，才会涉及定结构，如动态股权＋持股平台非常有讲究，在保证创始股东控制权的前提下做得好，既利于内部股权激励，也利于外部融资。

定模式：①设定获取条件，如通过约定的业绩考核后，激励才可以兑现。对于"业务"，尽量不封顶，各指标不勾连，从增量中分配；对于"职能"，封顶打分，从公司最终利润中分配；②设定锁定期（股权激励才有）。获得股票后，一定时期后，方可交易或退出；③调整规则（股权激励特有），如转让限制与约定，引入新股东后如何稀释；④退出机制（股权激励特有）。没有设定退出的股权激励，很容易陷入争端漩涡。

在数字化转型的过程中,关键人才的重要性没有降低,反而比以往更重要。吸引具有数字化技能的人才、提升和转型现有人员的技能是必需的工作。旧的绩效考核也需要转型成为更加灵活、及时、自动化的模式。数字化组织的绩效需要在以下 3 个方面提升。

提升考核及时性:在快速发展和迭代的互联网时代,绩效周期需要从以前的月/季度/年度的考核转变为周/天乃至实时的考核。只有及时发现问题,才能迅速做出反应和调整。

数据驱动绩效:人力资源绩效系统需要利用企业大量的业务数据自动化生成绩效 KPI,支持近于实时的考核体系。管理层和员工都能随时随地了解考核目标和实际执行情况。对于定性的考核,可以在业务流程中增加反馈点,快速搜集客户和内部团队的反馈意见,丰富为考核数据。

建立创新文化:鼓励尝试并允许失败。很多时候不做决策比做错决策更可怕。通过市场和数据分析,错的决策能够验证市场和产品反应,一旦发现问题,须快速调整和迭代。

4.2.8　架构治理

企业的业务架构不会一成不变,架构工作也非临时工作,需要将业务架构的工作制度化,将其变成一项长期、灵活响应内外部变化的工作。治理可以提供如下保障:当管理变革工作进入深水区,会触碰部分人的利益,需要坚持变革,从而顺利渡过雷区;持续将企业和个人的优秀经验和成果沉淀下来,便于整体成长;快速适应外部环境变化、技术进步、扬长避短;让业务架构的工作例行化、常态化,避免"运动式"短暂行为。在管理变革中会遇到各种各样的问题,但并不可怕。一开始需要通过强有力领导人的大力支持和推进,逐渐形成新的文化、新的思路、新的打法等。然后,过渡到通过机制的作用,驱动管理变革持续进行。治理模型如图 4.31 所示。

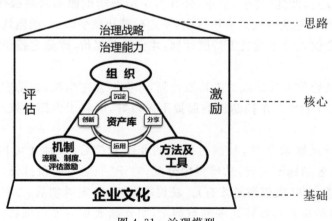

图 4.31　治理模型

业务架构治理模型由以下几个相互关联的部分组成。

1. 企业文化

企业文化是开展治理工作的基础。

2. 治理战略

治理战略决定开展治理工作的思路。制定战略目标；实施行动计划；监测战略的展开情况。

3. 治理能力

治理能力包括组织、机制（流程＋制度＋评估激励）、方法及工具。建立合适的管理组织，保障治理体系有效运行；制定有效的治理流程和相应的管理制度，制定管理评估机制及激励机制，实现管理 PDCA 循环；通过合适的方法提升治理效率，通过 IT 的手段建设适合的技术架构和平台。

4. 资产库

将企业架构中的对象、对象间的关系、规则等通过统一的格式规范化，以目录、矩阵、图、文字描述等方式存储到资产库中。

5. 组织

企业日常运营遇到问题时，通常可以把问题分成两个层面看待：一个层面是业务本身问题，需要"治标"；另一个层面是业务问题反映出的背后的管理系统层面的问题，需要"治本"。"治标"着眼于"救火"，是要快速解决当下出现的业务问题，所用方法是在现有管理系统下通过现场协调资源让业务不停摆。"治本"着眼于系统建设，全局地对待出现的问题，找到根本原因，所用方法是通过修改管理系统，目的是让日常业务问题在更新后的系统中少出现，或者不出现。"治本"是架构治理的主要工作，但是通常业务人员不能发现或者没有精力处理发现的管理系统的问题，这需要有专业的组织完成这件事情。这个专业的组织通常由 3 类人组成：业务骨干、专家力量、外包力量，如图 4.32 所示。

绝大多数情况下，只有企业自己的业务骨干清楚当前的现状，但是业务骨干往往精通于某一领域范围内的知识，而对事物全局、对管理学的逻辑等未必熟悉和掌握，这时候就需要专家的帮助。专家短时间内对企业情况未必非常熟悉，但是可以提供专业的方法、工具、最佳实践等，用于增强企业的"脑力"，帮助企业看清楚、说清楚问题，找到解决方案。企业在专家力量的帮助下，依赖业务骨干，充分结合组织实际理清主逻辑，看清主路径，确定实施方案，识别项目及其需求，进而利用各种咨询力量落地。外部力量往往是各类咨询公司，用来增强企业的"体力"。从这个逻辑看，许多企业一碰到问题，就把自家兄弟扔一边，盲从"大师"或咨询公司的解决方案和力量，得不偿失。健康的解决路径是将 3 种力量

图 4.32 治理需要的 3 股力量

结合在一起,约定三方沟通的手段和方法,各司其职,各尽其力,推动工作顺利开展。

6. 机制

通过将治理工作制度化,避免架构治理变成临时的"运动"或"项目";工作经验、流程知识不能有效积淀与传承;业务运作改了,但组织、流程、IT 等更新不及时;对出现的问题的改进建议没有通畅有效的应对措施等。通过对治理关键工作流程化,并适当开展考核与激励工作,让治理工作变得有效且长期稳定开展。

7. 方法及工具

治理的方法可以简单概括成:"纵横贯通""上下结合"。

"纵横贯通"是不仅从纵向角度着重梳理重要的各种能力域,也从横向角度着重梳理重要的端到端流程及子流程,最终达到"能力"与"流程"的有机结合。企业要实现一定的战略目标,一定要具备某些能力,而企业执行具体的业务往往是同构端到端流程实现增值,"流程"其实就是从不同"能力域"中挑选需要的"能力"组装编排而成的,"能力"与"流程"的最小颗粒度都是具体的业务动作/操作,本质上是一致的。

"上下结合"是指"从上至下"整体地展开管理系统建设的方式,结合"由下至上"局部地开展管理系统建设的方式。"从上至下"可以通观全局,发现关键的短板、空白、重叠区域,便于各种能力、流程间相互调用,但是建设周期长、见效慢。而"由下至上"周期短、见效快,但是缺乏系统性。故这里建议将两者结合。

"由下至上"即"问题导向"的方法,这个方法可以总结为 4 个步骤。

(1)梳理问题:收集各部门内、部门间的各种问题;将问题进行分类,并将问题梳理、识别成要进行改进的管理专题(如"端到端""段到段""相邻部门间""部门内");制订计划,优先进行"端到端"和"段到段"专题的研究和改进。

(2)理清责任:将要改进的专题放到专门会议上,请相关方充分陈述观点(对事不对人,拒绝人身攻击,主持人要控制好会议局面);将主题相关的主要工作进行陈列,并进行责任分配(利用 RASIC 矩阵),理清职责以及贡献关系。

(3)编制流程文件:流程文件至少应包括流程概要、流程图、流程说明、绘制责任矩阵、执行责任矩阵、相关制度、术语、表格及模板等。依据 RASIC 矩阵,流程责任人组织绘制流程图(可在原有流程图的基础上修订),做好流程的标准化、场景化处理,并体现汇报关系;依据流程图,流程责任人组织编写流程说明(特别要详细列出每个流程结点的输入、输出、出口条件、执行步骤和技巧等),以及编写相关制度(若有必要);将流程图及流程说明文件再次进行公示、讨论等。

(4)进行固化:正式发布流程;要求执行新流程,或者将新流程固化到信息系统里。

第 5 章

企业 IT 架构

业务的开展依赖 IT 系统的支持,而 IT 系统的需求也来自业务。如何使业务与 IT 的关系协调一致一直是企业管理者关注的问题。业务与 IT 的关系是相互支持和相互促进的。IT 架构(EITA)是企业建立 IT 系统的基础,它会指导 IT 发展方向和项目的开展。企业的 IT 架构能够帮助企业解决以下问题:

- IT 如何支持业务发展?
- IT 项目开发的理由,如何实现 IT 的投资回报?
- 企业的技术如何发展? 为什么采用某个技术/产品,谁决定和决定的依据是什么?
- 如何对股东和企业管理层展示 IT 的价值,并持续得到支持和投资?

企业 IT 架构的组成部分如图 5.1 所示,每个部分详细的内容会在后续章节中介绍。

IT架构(EITA)

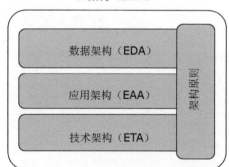

图 5.1　企业 IT 架构的组成部分

IT 架构设计工作主要由 IT 架构师完成。IT 架构师的工作涉及解决业务问题的 IT 系统架构和方案,可以包括应用系统、接口、数据、软硬件平台等。架构师负责企业级的 IT 架构,在具体的项目中只在开始时参与方案审核,做出架构方面的最终决策。在系统开发过程中,架构师会指导开发队伍解决技术问题,但是不参与具体的开发工作。

　　IT 架构设计时需要明确设计对象所处的环境,也称为系统上下文(system context)。如果是一个很小的系统,只要简单的架构和建模,简单的工具设计;反之则需要很多的工具、分析、设计和方法。常见的设计环境有系统中的某个组件、企业的某个系统、行业中的某个企业、经济体系中的某个行业等。

5.1　应用架构

　　业务架构是企业架构的基础,描述企业战略、业务流程、组织、治理间的结构和交互关系,明确人员、资金、IT、服务等企业资源如何进行部署和分配。考虑到使用 SOA 风格落地企业架构,在业务架构中识别业务服务和得到业务服务规格说明后,需要将服务进行实现。业务服务通过应用架构中的应用服务组件实现,而应用服务组件进行逻辑组合后,就成了应用中的功能组件/模块。

　　简单来说,业务组件拆解以后是更细的业务能力;而业务流程拆解以后是更细的业务活动或子流程,这些活动或子流程被识别成服务。实际上,低层级活动是业务流程和业务组件共有的东西,即组件内部的业务活动就是组装流程的零件。这些“零件”的能力或活动最终是运行在应用系统的功能模块上的(当然,中间会通过将业务功能抽象成服务进行),各功能模块可以访问相关的底层数据源。一个功能模块可以对应多个流程/活动。

　　应用架构的主要内容是用于实现业务服务(如应用服务组件、模块、子系统等)的,还包括应用架构蓝图、子系统规划、应用开发框架等。SOA 对业务服务和实现服务的应用系统进行了剥离。在完美情况下,任何组合应用的构建过程就是对服务进行编排和分组的过程,体现“厚平台、薄应用”。在现实中,企业很大一部分服务都要直接依靠现有应用系统提供支持,有些应用功能难以服务化。服务通过应用服务组件实现,应用服务组件可由原有应用直接支持,或对原系统的功能组件进行封装,或者完全重新开发、购买等。

5.1.1　应用架构设计

　　应用架构的设计需要考虑的输入有企业应用原则、行业最佳实践、业务用例、非功能性需求、系统范围(系统上下文)、现有系统情况等。应用系统架构图是描述企业现有或者未来概念应用架构的主要方式,它展示了企业应用系统的组成部分和它们之间的关系,如子系统、组件、中间件、数据库、外部系统等,描述了企业应用系统高层次的原则。当系统现有和未来架构差距较大、改造的周期较长的时候,还会设计不同阶段的过渡方案应用架构图。

　　根据系统的范围和复杂程度不同,系统架构图的表现形式也不同。对于简单的系统或者部门级的系统,一张图就可以表达清楚全部系统。但是,对于企业级和功能复杂的系统,一般要分为概念架构图和逻辑架构图两个层次,才能清楚地描述众多的系统和组件。概念架构(conceptual architecute)是业务和 IT 人员都能理解的把所有系统同时展示出来的架构图;逻辑架构(logical architecute)使用图表和文字描述相结合,更加详细地说明子系统和组件的功能和使用情况。不同的业务线条之间、总部与分支机构之间,如果业务的差别很大,则需要分别设计应用架构,而无法在一张图上描述出来。图 5.2 是应用架构设计框架,包括应用层、应用系统层、应用开发层。

图 5.2　应用架构设计框架

应用架构(EAA)是企业 IT 系统的蓝图,可以指导具体解决方案的制订、系统的开发和部署。图 5.3 以银行业为例,分客户、表现层、应用层、集成层、数据层展示一个企业 IT 系统的各个组成部分。在一张图中定义了企业全部的系统和数据库,并说明了它们之间的关联关系。

应用架构的目的是建立企业的业务架构和数据架构与具体的 IT 应用系统之间的关联关系。应用架构不是某个系统的设计或者需求的分析,而是定义企业向业务部门提供的整体的 IT 应用系统和功能。简言之,应用系统的功能就是对企业数据的管理和使用,包括数据的录入、编辑修改、排序、汇总、分析等操作。应用系统的目的是提供随时随地的、方便的和低成本的数据的存储和使用,并且根据业务的发展提供更多的功能和处理能力。应用系统是指用户使用完成企业业务处理流程的系统;而操作系统等属于技术架构的范畴。

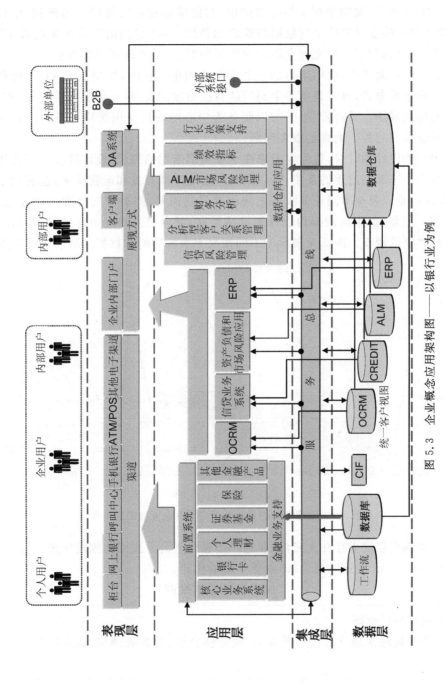

图 5.3　企业概念应用架构图——以银行业为例

应用架构在 IT 架构中起了核心的作用,它能够连接业务架构中的流程、组件、功能、人员,也能够连接数据架构中的数据的管理和使用,还能够提出对技术架构和 IT 基础设施的要求。所以,制定一个完整全面的应用架构对于 IT 系统建设很重要。

从另一个方面考虑,应用架构是一个全企业的单一视图,规划定义 IT 系统和它们之间的接口和集成方式,可以避免各个部门从自己角度出发,建立很多烟道式的、重复的、难于共享的应用系统。万物皆"服务",以服务为中心的现代应用架构可以解决企业目前在开发和系统集成过程中面临的很多问题。

应用架构设计的时候,首先要考虑在企业内部通用的需求,设计具有广泛适用性的架构。建立企业跨部门通用的系统,可以最大限度地降低开发和运营成本,也有利于数据的共享,但是也难以避免不同业务线条之间的差异化需要,需要开发特殊的功能,或者数据独立存储。但是,如果应用架构设计的灵活性高,就会更大限度地支持不同部门的需求,从而提高共享的程度。图 5.4 展示了不同情况下系统功能和数据共享的 4 种程度。

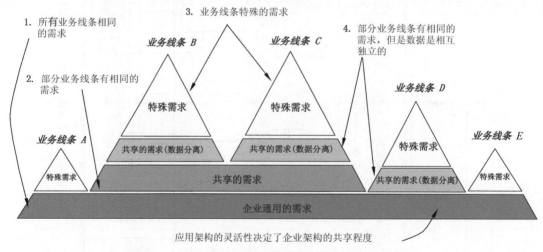

图 5.4　应用架构的灵活性决定了在企业内的适用范围

应用架构规划这里存在大变化,即进一步强化平台＋应用的构建思想。同时,对于应用层,又体现了一个关键的概念,即业务中台的构建。

应用设计原则举例

- A1 应用分层原则
  - 应用系统层次划分为接入渠道层、服务整合层、业务处理层、企业应用层、基础服务层

- 复杂的业务逻辑（核保、核赔）与业务处理分离,利用规则引擎实现业务规则的处理和管理

　　……

- A2 应用共享原则
  - ECIF 是企业唯一的客户主数据源,各个应用系统通过 ESB 链接 ECIF 获得和存储客户信息
  - 跨系统的业务流程(长流程)、以审批为主的系统等可以采用 BPM 流程开发平台建设,提供开发效率和系统灵活性

　　……

- A3 应用独立实现部署原则
- A4 应用扩展原则
- A5 应用标准化原则

设计和开发规范

• 应用架构设计规范 • 模块设计规范 • 服务设计规范 • 接口设计规范 • 组件设计规范 • Java 开发规范	• 界面开发规范 • PL-SQL 开发规范 • CSS 开发规范 • ESB 开发相关规范 • 系统安全开发手册 ……

5.1.2　传统应用架构向互联网转变

　　传统企业数字化建设大多是大集中模式,但是根据各个业务部门/单元的需求,开发了多个"烟囱"系统,这些系统之间采用服务总线(ESB)解决服务共享问题,解决了点对点接口的复杂接口模式,实现异构系统之间的交互,可以说是一种传统的 SOA 架构。

　　互联网企业注重规模扩展,大多采用的是"去中心化、去 IOE"的分布式服务架构。特点是各个模块之间的交互不需要 ESB 作为中心结点,而是直接调用。互联网的反应速度要求很高,一般在 500 毫秒之内响应才有较好的用户体验。中心化服务速度慢、扩展难,不适合互联网大流量、响应快的要求。服务总线可以采用高可用性服务器集群,但软硬件和网络的成本很高,特别是如果服务开放给外部合作伙伴后,性能更是问题,很快会成为系统瓶颈。

1. 双 IT 架构模式

市场创新和竞争的节奏加快,客户已经更加倾向使用网上服务,很多企业开始尝试数字化和互联网化现有业务,满足市场的需求。但是,正如前文介绍的 GE 等很多公司,数字化变革和尝试都以失败告终。陌生的业务模式和技术,巨大的人力、资金投入,不确定的回报都使企业运营模式和 IT 架构再造面临不能达到预期,甚至是失败的风险。企业又面临"不改等死、改了找死"的窘境。

"双 IT 架构模式"指企业中现有系统架构与互联网架构同时存在并相互协同,很好地解决变革和风险的矛盾。

(1) 互联网架构:对于接触客户的场景,进行全面数字化转型,采用最新的互联网 IT 架构和云服务,大胆创新和快速迭代,建立网上自助服务、网销平台、新客户营销、新媒体营销、评价反馈等。自建或者以 SaaS 方式引入人工智能和大数据分析能力。建立微服务体系框架和分布式应用框架,满足业务灵活配置,流程组合和编排,业务量快速发展的要求,能够支持 Web、App、H5、微信、API 等多个渠道场景的使用,主要可用来开发前台和部分中台的功能。

(2) 传统架构:部分中台和大部分后台的功能(如财务系统、ERP 系统、HR 系统等)大多是采购产品化的系统,在企业信息化过程中已经实施,可以保持现有架构,充分利用现有 IT 资源。现有系统也可以通过包装服务的方式开放自身的功能,提升 IT 资产价值。当时机成熟的时候,可以逐步替换传统系统,使用 PaaS 二次开发或者采购 SaaS 产品。两个体系架构通过消息/API 平台或者数据交换平台共享数据和服务。

2017 年,全球 SaaS 市场规模达 656 亿美元,增速为 26.64%,预计 2021 年增速还会提高 15% 左右。其中,CRM、ERP、办公套件占据市场 75% 的份额。内容服务、商务智能应用、项目管理等服务虽然规模较小,但是增速很快。国内 SaaS 市场较国外差距明显,与国外相比,国内 SaaS 服务成熟度不高,缺乏行业领军企业,市场规模偏小,但随着中小企业数字化的展开,中国 SaaS/PaaS 服务还是很有发展前途的。

从 IT 人员引进和培养方面,这种并行模式可行性更高。通过建立新的互联网式的 IT 团队,能够给企业注入创新和快速迭代的文化,带动旧的 IT 人员转变工作方式。例如,在金融行业,核心业务仍以集中式系统和管理方式为主,但外围业务已经开始或已使用了分布式架构,自动化、智能化运维也正逐步被各个行业所接纳。

2. SOA 风格的应用架构

SOA 架构最早提出是在 1996 年 Gartner 的一篇研究报告中,当时是指标准的软件接口开发架构,帮助集成烟囱式的 IT 系统。2002—2003 年,SOA 开始变得更加被 IT 行业所关注。Oracle、IBM、SAP 等厂商的软件开始支持 SOA 技术,提供服务调用接口。到互联网技术时代,SOA 技术进一步进化发展为以微服务为主流的分布式服务架构。

　　SOA 并不需要放弃现有系统而重新建立。恰恰相反,很多 SOA 项目都是在现有业务系统的功能之上包装服务,建立标准的接口,其他系统可以调用。SOA 既是一种系统开发方法,也是一种应用集成的方法。

　　SOA 参考架构[①]可以帮助理解 SOA 理念,指导企业实施 SOA。借鉴参考架构的同时,还需要根据业务需求,客户化和设计出自己的系统架构。图 5.5 是一个 SOA 参考概念应用架构。

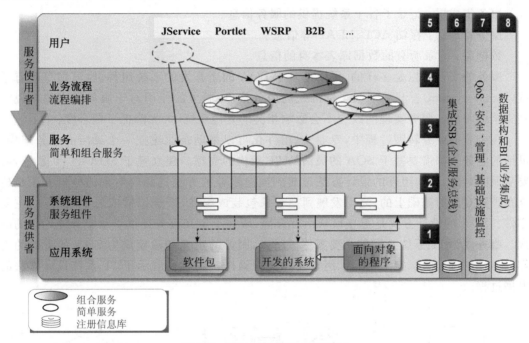

图 5.5　SOA 参考概念应用架构

　　(1) 基础应用层:由操作系统和后台的应用系统组成,能够被系统组件调用。

　　(2) 系统组件层:实现 IT 系统服务功能,并确保服务的质量。

　　(3) 服务层:服务在这里注册,被发现和被请求。简单服务还可编排成组合服务。

　　(4) 流程层:通过对服务层的服务的组合和编排实现业务流程。

　　(5) 展示层:由服务的使用者组成,如系统展示层的 JService、Portlet、WSRP 或者

---

　　① 　参考架构是一个描述多个实体之间关系的、高度抽象的框架,可以作为一个标准或者特定模式的参考样板。参考模型并不规定遵循的标准、技术或者实施方法,只提供一个通用的模式和样板,使不同的系统实施达到相同的目标。

B2B 应用。

　　（6）服务集成层：通常由 ESB 系统提高智能路由、支持多协议、转换。

　　（7）消息格式等功能，集成应用程序和服务，以增强 SOA 的功能。

　　（8）服务管理层：提供服务质量（QoS），包括安全、监控和服务管理机制等。

　　（9）数据层：为各个层次的系统提供数据支持。

　　在（1）、（6）、（8）、（9）中都分别有注册信息库，它们分别储存了以下信息。

　　基础应用层：存储了现有系统功能能够被利用、包装成的服务信息。

　　服务集成层：记录了各个系统提供的服务信息。

　　服务管理层：存储 ACL、LDAP 等信息。

　　数据层：记录所有的数据库表本身的信息。

　　服务的实现可以是多样的，可以是基于 SOA 的新开发的系统组件，也可以是现有系统（legacy system）。只要定义了标准化的服务接口，服务的使用对于服务的实现来说就是完全透明的。服务实现的改变不会影响相关的其他系统，大大降低了耦合度。

　　在企业的业务转型过程中，专业化、组件化可以帮助企业建立一个灵活的业务架构。灵活的业务架构需要基于 SOA 的灵活的 IT 架构的支撑。建立基于 SOA 的 IT 系统，需要从面向对象、面向组件的设计方法过渡到面向服务的方法。面向对象的分析方法是建立在类和对象的基础上的；之后发展到把对象包装成组件，系统组件成为 IT 开发的主要零件。SOA 的设计方式是把接口与组件分离，增加了定义服务提供者和服务使用者的层次。服务成为 IT 系统开发的主要零件。所以，服务的定义和建模成为 SOA 的重要的工作，包括服务的确认、定义、实现、组件化和流程编排。图 5.6 展示了 IT 系统设计方法的发展过程。

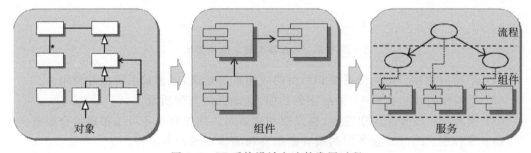

图 5.6　IT 系统设计方法的发展过程

3. 微服务

　　微服务是一种服务间松耦合的、每个服务之间高度自治并且使用轻量级协议进行通信的可持续集成部署的分布式架构体系。近年来，随着互联网的快速发展，尤其是移动互联网以及云计算的迅猛发展,对软件交付与迭代速度和效率的要求也在不断提高。微服务架构凭借其简单清晰、灵活可扩展、独立部署等优势,越来越成为分布式架构中的主流。微服务将大型复杂软件应用拆分成多个简单应用,每个简单应用描述一个小业务,系统中的各个简单应用可被独立部署,各个应用之间是松耦合的,每个应用仅关注完成一件任务并很好地完成该任务。相比传统的单体架构①,微服务架构具有降低系统复杂度、独立部署、独立扩展、跨语言编程等特点。与此同时,架构的灵活、开发的敏捷同时带来了运维的挑战。应用的编排、服务间的通信成为微服务架构设计的关键因素。微服务架构本身是将传统单体应用打破为多个独立自治(可以在自己独立进程中运行)的微服务模块,同时这些模块间通过轻量的 HTTP API 进行交互。通过微服务,可以灵活配置最终产品,如图 5.7 所示。

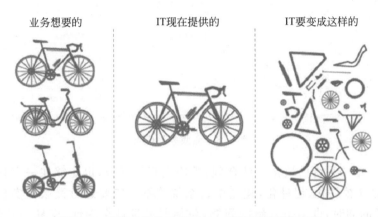

业务想要的　　　　　IT现在提供的　　　　　IT要变成这样的

图 5.7　微服务架构示意图——灵活配置最终产品

微服务是 SOA 的一种演化的落地实施技术,可以说是一种新型的 SOA 架构,它具有如下特点:

(1) 分布式服务架构。

(2) 按照业务领域划分系统模块。

(3) 智能化服务编排。

(4) 自动化运维和系统容错(Docker 技术)。

微服务的分布式不仅是应用层面的分布式,除了服务本身需要有服务发现、负载均衡,微服务依赖的底层存储也会有分布式的场景。高可用性和性能需要数据库的复制、分

① 单体架构是最简单的软件架构,常用于传统的应用软件开发以及传统 Web 应用,一般将所有的功能模块都打包(jar、war)在一个 Web 容器中部署、运行。随着业务复杂度的增加、技术团队规模的扩大,单体应用的开发和运维效率降低。

区,并且在存储的分库情况下,微服务需要能保证分布式事务的一致性。可以考虑引入微服务架构的 4 个场景:

(1) 单个系统的业务复杂度高且新需求较多。

(2) 开发团队规模庞大。

(3) 系统迭代周期长。

(4) 高并发性能瓶颈,无法横向扩展。

图 5.8 说明了微服务的优点。

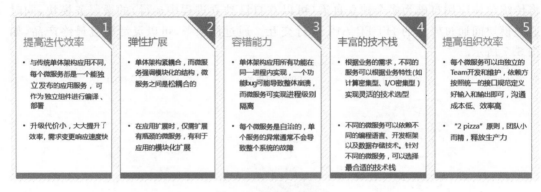

图 5.8　微服务的优点

其实,如果单一系统模块化设计合理,模块之间松耦合,也能够在一定程度上解决以上问题。IT 系统模块化、组件化,建立中台系统等不一定要通过微服务实现。微服务在解决以上问题的同时,也会引入新的问题,包括服务设计合理性、交易一致性、运维复杂性等。

如图 5.9 所示引入微服务的步骤包括服务建模、架构设计与实现、部署和运维等工作。

图 5.9　引入微服务的步骤

微服务虽然有很多优点,但是能够掌握好微服务架构对于很多初次尝试的企业很具挑战性。微服务的发现和切分需要根据业务模式出发,主要考虑业务活动和数据分布两个方面的因素。微服务设计和实施可以参考以下 5 个关键步骤和重要的原则。

(1) 梳理业务流程。

切分微服务之前要做的第一件事情就是梳理业务流程。需要与企业业务骨干合作,从而了解真实的业务流程,并将其绘制成流程图。对于过于复杂的业务流程,也可单独绘制流程图,并增加相关的流程说明。当然,也能提供相应的状态图,用于说明业务流程中涉及状态的变化过程。花再多时间分析业务流程都不过分,现在所花的每一分钟都是相当值得的。

(2) 抽取公共服务。

在业务流程中与业务不太相关的部分,可考虑将其剥离出来,并形成公共服务,如邮件发送、文件上传、其他第三方接口等。每种公共服务都对应一个微服务,每个微服务都有相关 API,每个 API 都有自己的输入与输出。这些 API 一定要形成文档,以便其他服务调用。一般情况下,抽取的公共服务都不太会变化,一定要想办法将不变的东西从可变的世界中抽取出来。

(3) 定义业务服务。

当公共服务抽取完毕后,业务流程中剩下的部分就是业务服务了。建议刚开始实施微服务时,不将业务服务的边界切得太细,可以考虑先"大切几块",但需要确保每个服务之间尽量不要有依赖关系。换句话说,每个服务都是独立的,虽然此时服务的块头可能比较大。先确保这些大块头服务可以运行在微服务基础设施上,再不断将它们进行细化,拆解为更小的服务。

(4) 设计数据模型。

深入到每个业务服务中,首先要做的是定义它底层涉及的数据模型,也称为"领域模型"。此时会涉及数据库表结构设计,以及数据模型与关系设计。在数据层面上的设计是至关重要的,如果该部分设计得不到位,将增加后期实现微服务的成本。数据模型的设计同样也需要进行文档化,这些文档将指导后端工程师顺利地完成微服务实现。

(5) 定义服务接口。

底层的数据模型设计完毕后,将视角转换到顶层的服务接口上。服务接口实际上就是一组 API,这些 API 需做到职责单一,而且需要通过名称,就能识别出它的业务含义。建议确保每个 API 的命名是全局唯一的,也建议每个 API 都有各自的版本号,版本号可以用自增长的方式体现。服务接口也需要进行文档化,这些文档一般由后端工程师编写,并提供给前端与测试工程师阅读。

并不是所有的 IT 系统都适合采用微服务和互联网架构开发。很多 B2B 系统、套装软件和产品软件可以应用 SOA 理念进行实施和二次开发。一些新系统开发、遗留系统改造项目也可以采用 SOA 架构。软件包集成项目使用企业服务总线架构比微服务更合适。不同的项目所处的系统环境不同，业务需求和用户不同，需要具体分析和设计适合的架构。

SOA 已经有十多年的历史，它包括了丰富的架构模型和技术解决方案。它最初是为了解决多个单一系统间集成和数据共享问题。SOA 也是一个逐步发展的技术，企业在实践的过程中既有成功的案例，也有很多失败的项目。近几年开始流行的微服务架构也是吸取了 SOA 以往发展过程中的问题，从而进化出来的，技术总是不断地自我打破和进化的。微服务成为 SOA 在分布式服务架构，以及容器与自动化运维技术的技术方案。但是，SOA 体系下还有很多其他的技术解决方案，包括 ESB、Web Service、API 平台等，企业需要根据自己的实际情况选择。

SOA 作为架构设计思想是微服务的基础和来源，微服务作为最新的一种分布式服务技术应用，扩展了 SOA 技术的可选择性，但不是唯一的选择。微服务并不是架构发展的终点，它将会是新架构时代的起点。微服务作为一种崭新的分布式应用解决方案近两年获得迅猛发展。微服务架构的技术体系、社区目前已经越来越成熟，但微服务架构也不是完美的，开发比较复杂、会带来很多分布式的问题。微服务架构也是随着业务、团队成长而不断演进的。最开始可能就几个、十几个微服务，通过服务网关（API Gateway）进行服务数据合并、转发。随着业务的扩大，不断加入搜索引擎、缓存技术、分布式消息队列、数据存储层的数据复制、分区、分表等。

4. 微服务重构

如果系统需要使用微服务重构，可通过以下方法梳理微服务。

（1）每个 REST 服务都是一个潜在的微服务。

（2）每个 SOAP Web 服务或 EJB 都是一个潜在的微服务，特别是无状态的容器（session bean），需要将面向功能的接口重新设计为面向资产的接口，并使接口转变为 REST 形式。

（3）根据业务领域划分服务，如订单、支付、用户管理、优惠活动等。这些业务服务是候选的微服务。

在重构微服务后台数据方面，需要考虑以下 4 个方面。

（1）寻找与其他数据关联不大的数据孤岛，检查系统的实体-关系图；如果有与其他数据断开的数据，就是一个潜在的数据重构点。

（2）数据表非规范化，对高规范化数据库中非规范化的一些数据表，以将数据重组为更大的逻辑块，其目的是增加数据冗余度，使其更容易被打破。

（3）反向批数据更新，对数据重构时需要考虑数据重构失败时可批量地将新数据反向导回旧的数据模式。

（4）使用主数据管理，对被广泛使用的数据实体组成一个单一的一致性视图，并开发相应的微服务与主数据一起工作。

需要注意的是，并非所有应用都可以转变为微服务架构，部分系统无法重构为微服务架构。例如，非常老旧又缺乏维护的系统，对此类系统可以采用"如果应用没有问题，就不要碰它"的策略，使用 SOA 进行资产重用是更好的解决方案。

如果原有应用无法改变数据存储方式，数据仍然保持烟囱式或集中式存储，那对应用进行微服务化就没有业务价值。需要考虑切分数据库是否会导致事务性保障的缺失并进而影响系统的稳定性；同时也可以考虑应用能否采用如 BASE、CQRS 等模式解决数据的一致性问题。

当在原有系统中剥离部分功能并重构为微服务时，需要实现微服务与原有系统在高可用性上的隔离，解决原有系统与微服务的扩展性不匹配的问题。这些方案要在进行微服务重构前考虑清楚。

基于服务的架构出现，是为了解决单体架构难于开发和维护的问题。企业开始做单体系统的拆分。垂直拆分是把一个应用拆成松耦合的多个独立的应用。让应用可以独立部署，有独立的团队进行维护。水平拆分是把一些通用的、会被很多上层服务调用的模块独立拆分出去，形成一个共享的基础服务，可以对性能瓶颈的应用进行单独的优化和运维管理，也在一定程度上防止重复开发。架构整体的演进都是朝着建立越来越轻量级、越来越灵活的应用方向发展。从单体服务到分层的组件，到面向服务 SOA、再到微服务，甚至无服务器架构（serverless），架构的发展和进化也会越来越快。

5.1.3　企业 AI 应用的建立

美国是人工智能的发源地，早在 20 世纪 30 年代末到 20 世纪 50 年代，美国诸多学科的科学家已经开始研究探讨制造人工大脑的可能性。维纳的控制论、香农的信息论及图灵的计算理论，为现代人工智能的出现奠定了基础。之后，欧美强国相继加入人工智能研究行列，英国在 20 世纪 60 年代就起步人工智能的研究，并于 20 世纪 70 年代在爱丁堡大学成立了"人工智能"系。日本和西欧大陆一些国家虽起步较晚，但是发展速度很快，很快便占有一席之地。在过去的 30 年里，人工智能已经建立了包括问题求解、自然语言处理、人工智能方法、程序语言处理、机器学习、自动程序设计等在内的应用。此后，随着 2006 年深度神经算法的出现，人工智能发展迎来了自 1970、1990 两次人工智能爆发之后又一浪潮，各类人工智能公司呈雨后春笋般产生。深度神经网络发展催生了新一波人工智能的发展热潮。

1997 年"深蓝"与国际象棋：IBM 公司国际象棋计（DeepBlue）战胜国际象棋国际冠

军 Kasparov,成为首个在标准比赛时限内击败世界冠军的计算机系统。

2011 年 Watson 与智力回答:IBM 开发的自然语言人工智能程序 Watson 在美国智力回答节目"危险边缘"中打败两位人类冠军。这一人工智能后被用于医疗诊断领域,通过庞大的大数据分析,能够找出准确的治疗方案。

2016 年深度学习与 AlphaGo:谷歌(Google)旗下 DeepMind 公司戴密斯·哈萨比斯领衔的团队开发的阿尔法狗(AlphaGo)是第一个击败人类职业围棋选手、第一个战胜围棋世界冠军的人工智能程序,以 4:1 战胜顶尖人类职业棋手李世石。AlphaGo 在树搜索的框架下使用了深度学习、监督学习和增强学习等方法。中国 AI 行业 BAT 发展对比分析见表 5.1。

表 5.1　中国 AI 行业 BAT 发展对比分析

公司	人才储备	计算设施	数据积累	技术算法	应用场景
腾讯	成立 4 个 AI 实验室;增强对海外人才的吸引;推出 AI 加速器吸引创业者	形成全矩阵 AI 基础设施计算平台;发布智能云作为智能服务开放平台	社交数据(微信月活 9 亿)、游戏数据、金融数据、泛文娱数据、电商数据	在海量人脸识别数据库 MegaFace 中,以 83.29%的最新成绩在 100 万级别人脸识别测试中夺冠	核心:社交、游戏、内容推荐;智能语音助手"腾讯叮当",医疗、硬件、驾驶
百度	4 大实验室(深度学习实验室 IDL、硅谷智能应用实验室、大数据实验室、AI 实验室);收购 AI 初创公司	发布 DuerOS 智慧芯片(对话式开放智能应用操作系统);发布基于云的智能应用平台"天智",自动驾驶开放平台 Apollo	互联网、移动互联网搜索、本地生活、泛娱乐、游戏、教育	语音合成神经 TTS 技术 Deep Voice2;收购 3D 人物成像技术、机器视觉软硬件、语音唤醒交互 AI 初创公司	核心:搜索、信息流、广告推荐;自动驾驶、语音助手、金融科技、医疗、智能硬件
阿里	阿里研究院、数据科学与技术研究院 iDST、智能应用实验室、VR 实验室、蚂蚁金服相关实验室	分布式云计算操作系统"飞天"和移动端 IoT 操作系统 YunOS;大数据计算平台 MaxCompute、智能应用服务平台 DTPAI、智能应用开发者平台 AliGenie、阿里云智能应用 ET	电商及物流数据、金融数据、泛文娱体育数据、社交数据、O2O 数据。	"NASA 计划"车辆检测准确率为 90.46%;公开深度兴趣网络 DIN 解决准确预测单击量;收购美国生物识别技术创业公司 Eye-Verify	各类 ET 大脑(城市、医疗、工业、环境大脑);医疗云、金融、电商零售、智能家居、智能客服、虚拟助手、智能硬件

　　数字化不仅是把业务信息都转化和存储起来,在越来越复杂的业务逻辑、规则和数据大量积累的情况下,人工已经无法胜任数据分析和决策的工作,必须引入 AI 技术。根据麦肯锡全球研究中心的调研,智能应用目前在谷歌、Facebook、Microsoft 等科技巨头有大规模和系统化的部署。根据麦肯锡的调查报告,在 3000 家接受调查的公司中,20％的公司使用了一项或者一项以上的智能应用科技,集中在已经数据化程度非常高的科技、通信、金融等领域。

　　企业可以通过"人机料法环"(图 5.10)进行梳理,对应用场景、技术算法、数据积累、计算设施、人才储备进行 AI 能力评估。

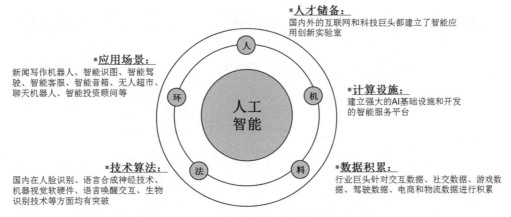

图 5.10　企业 AI 能力评估"人机料法环"五维度

　　AI 技术的应用,最核心的三点是数据、算法、硬件。2010 年以来,云计算、深度学习、GPU 运算、传感器等关键存储、计算能力的突破性发展,算力成本不断降低,数据采集点不断增多,才走到了如今 AI 的黄金年代。

　　AI 的发展分为 4 个阶段,首先是计算智能,解决基础的存储算力问题;其次是感知智能,解决语音图像文字手势的处理,让机器可感知;然后发展为认知智能,即机器可进行逻辑推理、知识理解、知识创造;最终达到通用智能,即机器实现类人思维,产生硅基生命。

　　有知识体系和认知的机器人会比现在的系统更加智能,能够像专家一样分析和回答问题,比一般以历史数据分析得出结论的机器人更加智能。知识型机器人与普通分析机器人的对比见表 5.2。

　　低级的 AI 只能分析用户的语义,但不能理解用户的真实意图。但是,通过建立知识图谱、形成知识路径,AI 就可以真正理解问题的含义并做出思考,最终把正确的答案按照人类能够理解的方式(如语音、文字、图像等信息格式)输出给用户,具体过程如图 5.11 所示。

表 5.2 知识型机器人与普通分析机器人对比

问题	知识机器人	分析机器人
2019-01-01：大盘明天会涨吗？	概率比较低,强阻太近	嗯,会上涨
2019-01-02：大盘明天会涨吗？	可能性不大,除非突破强阻位	不会
2019-01-03：大盘明天会涨吗？	概率低,看看近期是否能够突破强阻位	去年同期是涨的

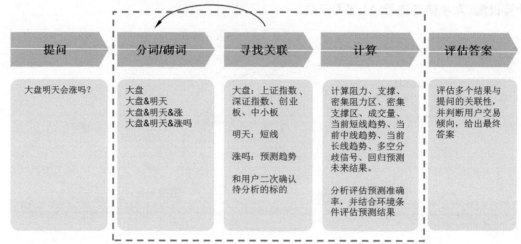

图 5.11 知识让机器理解用户意图

这个看似简单的 AI 机器人应用是机器交互、洞察、认知的结合,底层需要有 AI 算法、大数据、云计算等技术的支撑。AI 应用的构成如图 5.12 所示。

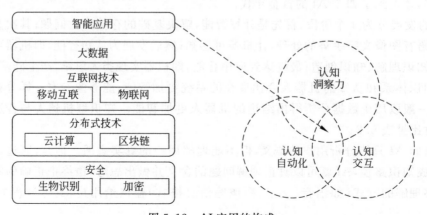

图 5.12 AI 应用的构成

AI 为企业带来的三大收益：降低成本、提升企业运营效果和效率、触发企业新的增长点。对于每一家立志于 AI 化的公司来说，一方面要有能力持续、高效地积累大量的、优质的、独特的数据，使得这些数据成为 AI 应用创新的燃料；另一方面也要具备连接 AI 技术、AI 平台的能力，以开放的方式借助 AI 从数据中挖出"金矿"。

企业若要将 AI 落地，离不开两个方面的支持：

一是组织架构和人才。AI 落地与企业数字化转型是相结合的，需要清晰、敏捷的架构和既懂业务，又懂技术的复合型人才，让企业能综合考虑各 AI 技术的成熟度和实际商业问题，并结合企业战略选择合适的商业场景。

二是需要有多方技术平台的保障，如数据管理、算法平台、分析平台等。

企业可通过实现数字可视化、数据分析和指导、决策支持和自动化决策等重要阶段，逐步实现商业流程的转型。同时，决策支持和自动化决策已经进入人工智能应用的阶段，在这个过程中，企业需要充分重视 BI(商业智能解决方案)和 AI(人工智能解决方案)的应用和连接，清晰梳理核心商业流程，改变原有思考模式，才能推动企业从 BI 向 AI 发展，帮助企业实现在 AI 时代保持领先。

云计算、大数据、区块链、智能应用这些技术之间存在相互依赖、相互促进的关系；智能应用是指能够完成通常需要人才能完成任务的技术，应用领域包括认知自动化、认知交互、认知洞察力。

例如，腾讯 AI 在医疗领域的应用重点为两个方向：一个是 AI 医疗影像处理，推出了腾讯觅影，运用计算机视觉和深度学习技术，对各类医学影像进行学习训练，目前已经在早期食道癌、宫颈癌、肺癌、乳腺癌等领域辅助医生进行高效、精准的诊断与筛查；另外一个方向是 AI 辅诊，智能导诊技术可以根据医院需求定制，缓解医院导诊的压力。腾讯觅影已经在上海多家医院进行应用尝试，并与复旦、交大等高校展开了深度合作。这些 AI 的技术和产品可以提升基层医院的诊疗水平，改善医患关系，节省医保费用。

在过去几年中，AI 实验的计算量比以往任何时候都要多。2018 年，OpenAI 的一项调查对这种增长速度进行了初步评估。通过比较 AlphaGo Zero 和 AlexNet，现在最大型的实验规模比 6 年前大 30 万倍。另外，每年的实验规模呈指数级增长，每 3 个半月就翻一番。从 AI 计算趋势看，实验增长的速度如此之快值得关注。目前最大型的实验——AlphaGo Zero 的成本约为 1000 万美元。中国各行各业都在积极尝试 AI 的使用，包括华为、招商银行、京东、平安保险、菜鸟物流等公司都已经推出了 AI 作为关键技术支持的创新产品和服务。

图 5.13 是 AI 行业应用案例，如平安集团的基于人脸识别的智能贷款，可以根据人的脸部生物特征进行图像对比，从而精准识别用户身份，并且能通过用户大数据、面部微表情识别等控制贷款风险，从而提高贷款效率，实现 3 分钟完成贷款审批，使得放贷规模由

之前的月均千万级增长到十亿级,且保持很好的风控水平。图 5.14 是华为企业大数据和
AI 服务平台的案例介绍。图 5.15 是菜鸟智慧物流的案例介绍。

图 5.13　AI 行业应用案例

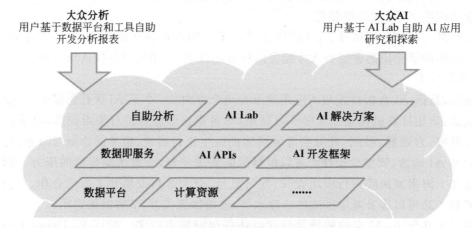

图 5.14　华为企业大数据和 AI 服务平台

5.1.4　金融大数据和 AI 应用案例

在现今互联网金融爆炸的时代,各类信用卡交易活动层出不穷。面向所有客户设定
门槛的活动更是屡见不鲜,如刷卡满 99 元送某咖啡品牌现金券、刷卡满 999 元送某知名
品牌剃须刀、刷卡满 9999 元送旅游产品等。各种交易促销活动看似层出不穷,但其实际
都仅基于简单规则对客户进行分群,通过"千人一面"的方式促达所有客户,导致客户活动
转换率低、推广成本和礼品费用浪费等问题,从而无法真正达到营销的目的。在信用卡领
域开展客户交易促动,其实质是通过赠予客户实物、刷卡金等奖励,以刺激其使用信用卡,

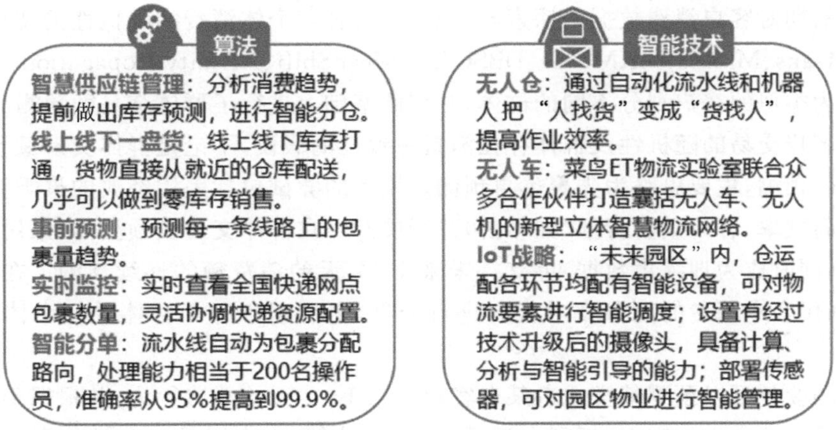

智慧供应链管理：分析消费趋势，提前做出库存预测，进行智能分仓。

线上线下一盘货：线上线下库存打通，货物直接从就近的仓库配送，几乎可以做到零库存销售。

事前预测：预测每一条线路上的包裹量趋势。

实时监控：实时查看全国快递网点包裹数量，灵活协调快递资源配置。

智能分单：流水线自动为包裹分配路向，处理能力相当于 200 名操作员，准确率从 95% 提高到 99.9%。

无人仓：通过自动化流水线和机器人把"人找货"变成"货找人"，提高作业效率。

无人车：菜鸟 ET 物流实验室联合众多合作伙伴打造囊括无人车、无人机的新型立体智慧物流网络。

IoT 战略："未来园区"内，仓运配各环节均配有智能设备，可对物流要素进行智能调度；设置有经过技术升级后的摄像头，具备计算、分析与智能引导的能力；部署传感器，可对园区物业进行智能管理。

图 5.15　菜鸟智慧物流

达到提高客户黏性、提升客户交易额的目的。但由于客户消费的随机性大，如何提前预知客户未来的消费水平、如何明确在合适时机对客户进行有效的促动、如何精准定位交易促动客群、如何为客群制定交易目标，从而为目标设定对应奖品等问题成为活动营销成功与否的关键。

基于上述开展客户交易促动活动现状及痛点，如果能够精准预测客户的月消费额，结合客户消费习惯的分析，即可为交易活动策略的定制提供指引。基于历史经验及行为分析，影响客户交易额的因素主要包括：客户的基本属性，如年龄、性别；交易属性，如历史月消费额、节假日消费情况等。

在数据模型建立阶段，以某银行一个年度的交易数据为研究对象，对总计 1600 万客户的 6 亿交易数据进行了从整体到细分群体的分析研究，最终确认将客户活跃度作为消费行为预测的切入点。

客户消费活跃情况通常取决于客户的偏好，且与客户自身属性存在关联。下面主要以消费时间、客户属性（如性别、年龄、星座等）为对象进行细项分析，从而就影响客户活跃度的因素得出结论。

经过数据探索及分析，基于客户基本属性、消费行为属性、消费时间属性、消费环境属性、消费扩展属性 5 个维度进行初步特征构建，具体包括

（1）客户基本属性：年龄、性别、星座、持卡数、城市等。

（2）消费行为属性：消费时间段、日消费统计、周中消费统计、月度消费统计等。

（3）消费时间属性：消费日、消费所在周、上次消费距离等。

（4）消费环境属性：传统节假日、电商节假日、"双十一""双十二""618"等。

（5）消费扩展属性：商户位置、支付渠道、客户参与活动数据、客户行为数据等。

经过前期对客户消费数据的探索与分析,结合客户个体消费的随机性的特性,通过聚类(如 KMeans、MiniBatchKMeans、DBSCAN、MeanShift、AffinityPropagation 等算法)找出交易行为类似的客户划分不同的群体,并在此基础上进行了群体交易额预测的过程。

面对客户交易的随机性及群体存在消费一致性的假设,不论是群体交易额预测,还是个体交易额预测,主要思路为先聚类再预测。聚类的尝试包括采用经典的聚类算法,同时结合利用离散率、客户重要特征(如年龄)并行展开。在群体交易额预测时,采用循环预测(预测结果同时成为训练集数据)可支持未来 1~7 天的消费额的连续预测。在个体交易预测时,采用客户消费的离散率对客户进行分群,之后基于每个群体进行个体交易额的预测。

最终的业务可以预测某类或者某个客户未来 1~7 天的消费行为,并根据预测的消费行为推送适应的广告内容,包括刷卡返现、获得积分等,大大提升了营销信息的个性化和合理性,既节约了营销费用,也提升了整体的客户消费次数和金额。

5.2 数据架构: 提供大数据支持

数据架构是业务架构与应用架构的纽带。数据跨越现实世界与虚拟世界,数据模型能够被现实世界的人们读取,也能被虚拟世界的应用程序读取。数据架构是企业架构的核心,描述数据类型与来源、逻辑和物理数据资产、数据资源的结构和交互关系。

在 Zachman 框架中,第一列就是数据(What),其中第二行是概念数据模型、第三行是逻辑数据模型,第四行是物理数据模型,第五行是实际的数据库定义。可见,Zachman 框架的范围要比我们这里定义的范围大。对于一般的架构项目,作者认为适当地把控数据设计的范围和层级,控制适当的工作量会取得更好的效果。

现实世界可由"活动(Behavior)+对象(Object)+关系(Relationship)"描述。在特定的商业领域,梳理重点业务活动,提炼业务对象及其属性,并总结业务对象的相互关系,从而确定数据标准的范围和内容,这是数据架构分析工作的出发点。在实践中,通常将业务场景中的主语(施动者)、谓语(即行为或动作)、宾语(对象)及其之间的关系都映射到数据模型结构(即数据结构)中。当业务场景的业务发生一次,则在对应的数据模型(体现为数据库中的数据表)中记录一条业务信息(即事务信息)。所以,数据建模工作应从业务场景(即业务流程)的分析着手进行,不基于业务活动的数据建模工作很难保持数据的完整和一致。特别是,只有梳理出数据模型,应用系统的程序设计才可以进行,因为数据模型是程序存取数据的载体。以上内容如图 5.16 所示。

另外,再次提到的问题是:服务需要被拆解到什么颗粒度才是合适的? 这里的答案也更加具体:能够对服务承载的业务场景建立数据模型的时候,即能够被编程实现的时

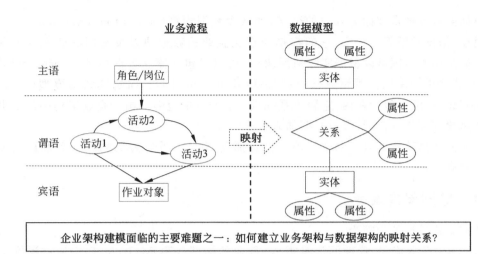

图 5.16　业务与数据之间的对应关系及映射

候。因此,在开展业务架构工作时,就可以开始数据架构的相关工作了。

　　数据架构的最终目的是使得企业的数据管理有序,数据价值充分发挥,即数据可管、可用。依照 DAMA 标准,数据架构应涵盖 10 个方面的管理内容,在实践中,至少需要做好 4 个方面的工作:元数据管理、数据质量管理、数据标准管理、数据治理(即管理支撑部分)。除此之外,还包括数据分布、数据流转、主数据管理、数据模型等。

　　元数据管理:将公司数据结构进行统一集中管理;解决上下游系统间变更带来的数据加工隐患问题;将指标信息纳入统一的元数据管理范围,形成规范的指标体系,明确统计口径,指标值可信。

　　数据质量管理:解决数据质量不高的情况,严格控制各环节的数据质量,确保统计运营数据可靠,为数据运营打下基础。

　　数据标准管理:建立统一的标准规范并在此基础上整合各个数据源;指导 ETL(Extract-Transform-Load)、数据传递、数据共享等环节;建设数据管理与共享标准。

　　数据治理:数据治理是根据数据治理政策通过组织人员、流程和技术的相互协作,对数据从形态、内容和关系等层面进行规范管理,提升数据的服务能力,以实现数据最大化。

　　IT 系统存在的价值不是先进的技术和强大的软硬件,而是能够存储和处理数据和信息。数据是对客观事物的真实表现,企业业务过程中的所有对象的状况都可以用数据记录下来。信息是对数据加工处理以后,才成为可以被企业运转和决策利用的信息。所以,在考虑企业 IT 架构的时候,首先要考虑需要什么数据和存储什么数据,这里说的数据包括上述定义的数据和信息。

数据架构也经常被称为其他的名字,如概念数据模型(conceptual data model)、企业数据模型、信息模型等。其实,它们都是指定义企业的数据项以及它们的属性和关联关系。数据架构的范围可以根据实际情况决定,可以只包括概念数据模型(conceptual data model),或者进一步包含逻辑数据模型(logical data model)。而物理数据模型(physical data model)一般不包括在内,它属于系统设计和开发的范畴。由于企业架构中的数据架构起的是规划和指导作用,没有必要加入过多的细节。

企业的数据架构可以帮助企业消除信息孤岛,建立一个共享、通用、一致和广泛的企业数据基础平台。

5.2.1 数据架构设计

数据架构设计的步骤为

(1) 参考业务流程、管理的信息需要、行业的标准(eTOM、IAA)列出所有潜在的数据项。

(2) 定义数据类型和数据项的属性和关联关系。

(3) 建立数据项和业务功能之间的联系。

(4) 发布、使用和管理数据架构成果。

数据架构的设计来源于业务架构中的组件模型和流程模型定义的业务功能和输入输出信息。一个好的数据架构是开发数据库的基础,能够支持业务长远地发展。好的数据架构有以下 4 个特点。

(1) 数据架构既要有通用性,也要符合企业的业务特征,不能太泛泛,也不能太死板而不支持业务的扩展。

(2) 数据项要完整、一致,应该支持企业所有业务信息的处理,而且不能有重复和矛盾。经常发生的是同一个数据项,由于使用的名字不同,或者定义的部门不同而重复,从而导致数据不一致和冗余,会引发一系列数据质量的问题。

(3) 要有企业级统一的标准,如员工号、客户号等。好的数据架构会制定这些标准,从而提高企业的数据质量。

(4) 数据架构要有一定的稳定性和前瞻性。一个先进的数据架构应该具有很强的灵活性,能够支持业务的不断发展。数据架构是基于业务架构而设计出来的,应该能够适应组织架构、流程的变化。数据架构与数据的存储地点、存储形式(数据库或者文件)、存储数量、应用的技术等无关,不会随着它们的变化而改变。

数据库经常是 IT 系统的性能瓶颈,当企业业务快速发展的时候,中心化的数据库会承担很大的访问量,性能下降,从而拖累整个系统的性能。优化数据库架构的 5 个原则如下。

（1）数据库读写分离，主数据库负责事务性的增、删、改操作，从数据库负责处理查询操作。

（2）将记录量很大的数据表水平拆分到多个数据表中。使用分布式数据库 TDDL、DRDS。

（3）数据搜索采用专用技术和系统，如 Lucene、Solr、ElasticSearch 等。

（4）模块间使用异步化的柔性事务框架，在保持很好的业务一致性的前提下，也能满足极高的系统吞吐能力。传统的强一致性（2 阶段提交）开发简单，而最终一致性虽然处理能力大大提高，但是对技术和开发要求更高。可以根据系统的情况和业务场景选择合适的框架。

（5）把数据缓存到内存中进行访问比从数据库中进行访问的速度提高很多，好的系统 90% 的请求都可以由缓存满足。经常使用的缓存系统有 Redis、Ignite、Tair 等。在互联网抢购、秒杀等场景中，短时间内有海量用户点击会产生系统峰值，给系统产生巨大的压力。

5.2.2　数据架构的表示方式

1. 元数据

元数据是描述数据的数据，包括技术元数据、业务元数据、管理元数据。

技术元数据：描述数据技术领域的相关概念、关系和规则，包括数据对象、数据结构的定义、源数据到目的数据的 ETL 描述等。

业务元数据：描述数据业务领域的相关概念、关系和规则，包括业务术语、信息分类、指标、统计口径等。

管理元数据：描述数据管理领域的相关概念、关系和规则，包括责任人、岗位职责、管理流程等。管理元数据即确定数据的属主部门。根据业务部门分工和数据类型之间的对应关系，确定数据的定义、采集和更新、使用、质量管理等职责的负责部门。如果数据没有明确的属主部门，就会发生定义不一致，使用不正确，质量较差等数据问题，影响企业的正常运转。

从现有系统中提取元数据的步骤如下。

（1）登记各业务流的输入、输出信息表单。

（2）登记信息表单列表（表 5.3）。

表 5.3　信息表单登记表

序号	信息表单编码	信息表单名称	字段数	说明

（3）将每个信息表单中的数据项进行登记（逻辑计算项不予登记）。

可从现有系统里提取数据字典进行梳理分析。同时，需要从未来系统的业务用例收集数据展开分析。

途径一：从数据字典整理数据信息项（字段）。

抽取业务系统数据库中的数据字典信息，按照一定的标准进行转换，然后加载到数据信息项登记表中。

途径二：从用户视图/信息表单开始着手分析数据信息项。

将两种途径得到的数据信息项都登记到登记表中（表5.4）。

表5.4　数据信息项登记表

序号	报告编号	信息表单中文名	信息表单英文名	信息表单编号	数据项中文名	数据项英文名	数据类型	长度	小数位	值域	默认值	引用编码	数据项说明	属性编号	其他

（4）将数据项梳理、去重、整理成属性，并登记其业务、数据、管理元数据（表5.5）。

表5.5　元数据整理表

序号	属性编号	属性中文名	数据类别	长度	小数位	值域	引用编码	业务定义	属性说明	特定依据	归属业务部门	备注
			文本/数字/枚举/布尔/二进制				往往为主数据中的					

注：这个需要与流程梳理结合进行，元数据整理工作需要付出的主要工作量都在这里。

其中，部分元数据属性的描述见表5.6。

表5.6　元数据属性说明表

业务定义	业务定义是基于创建数据的业务流程对数据业务口径和相关业务场景的详细描述
值域/引用代码	值域是数据可接受的业务取值范围，即数据的允许值的集合。 如果该数据项对取值范围没有要求，则用"/"填写，表示本栏不适用。 如果该数据项对应公共代码，则填写引用的公共代码编号
制定依据	标准依据描述数据标准的业务依据来源，包括但不限于国家法律法规、国家标准、行业标准、外部监管要求、国际标准、国外先进标准、银行内部制度和系统规范、行业惯例等
数据类别	数据类型是根据数据的业务定义、业务规则和常见表现形式定义其采用的数据类。数据类型包括编号类、代码类、指示器类、文本类、金额类、数值类、比例类、日期类、时间类、日期时间类

（5）登记编码及编码规则记入表 5.7。

表 5.7 数据编码登记表

序号	编码编号	编码类型	中文名称	英文名称	业务说明	备注
		代码	性别代码			
		编码	物料编码			《××××编码规则》

特别注意,若编码类型是"代码类""编码类",则需要单独指定其编码规则。其中,"代码类"建议依照"国际标准—国家标准—行业标准—集团标准—自行编制"层次设置标准,"编码类"则要给出编号增长规则;名称建议按照"修饰词＋基本词＋类别词"设置标准(如"养护合同金额"),且每一类词设定取词"词域"。

（6）登记具体编码记入表 5.8。

表 5.8 编码内容登记表

编码编号	编码序号	编码取值(代码)	业务含义	备注
D0010	1	F	女	
D0010	2	M	男	
B0010	1	××××		
B0010	2	××××		

（7）识别实体表。

（8）结合信息表单和元数据识别关系表,识别实体表与关系表之间的关系,将属性归入到合适的实体与关系表中(表 5.9、表 5.10),绘制逻辑数据模型。

表 5.9 数据表登记表

表编号	表名称	说明

表 5.10 数据表与数据项关系登记表

属性编号	表编号	说明

（9）绘制 UC 矩阵。

数据概念设计完成后,下一步需要明确数据与应用系统的关系。应用系统对数据的操作主要有以下 4 种,简称为 CRUD。

生成(Create):系统在数据库中建立一个新的数据项记录。例如,建立一条新的客户记录,由于该客户以前并不存在,是新获得的,所以是生成新的客户记录。

读取(Read):系统只获得数据项当前的内容,而不做任何修改。例如,客户服务人员调取现存客户信息的操作。

更新(Update)：系统会更新数据项,包括增加属性、改变内容等。例如,企业现有客户拥有的资产增加后,需要更新数据库中相关的内容。

删除(Delete)：从数据库中完全删除某个数据项的记录。

建立数据项与应用系统的关联关系可以知道应用系统之间数据共享的情况,判断数据项的操作(操作包括：数据项的CRUD和数据项定义的改变)会产生的影响。在组件化的系统开发方式下,可以利用关联关系判断每个组件的数据范围,分析清楚数据的属主是哪些应用系统。关联关系的表示有很多方式,可以使用如表5.11所示的二维矩阵,也称为CRUD矩阵[①]。在企业数据字典里也可以与数据的其他属性一起定义这种关联关系。

表 5.11　企业应用系统与数据关联关系举例(CRUD 矩阵)

数据分类 应用系统	客户数据			租赁数据	车辆数据
	基本信息	财务信息	接触信息	…	…
客户管理系统	CRUD	CRUD	CRU	…	…
结算系统	R	CRU	CR	…	…
呼叫中心系统	CRU	R	CRU	…	…
租赁系统	R	R	CR	…	…
车辆管理系统	R	R	CR	…	…
…					

2. 数据模型

数据模型是改进企业运营和数据系统的重要基础,一个完整、灵活、稳定的数据模型对于业务系统的成功起着重要的作用;数据模型包含了整个企业所有应用系统的业务实体、业务实体属性和业务实体间的关系,综合展现数据的定义以及数据之间的关系,并对新的数据要求具有良好的扩展性和包容性;数据模型不是指某一个或若干个具体的系统,而是一个以实现数据标准化,确保数据的一致性、准确性、及时性为具体目标的数据架构。

数据模型的目的是为满足企业管理、运营、操作的各个层面对信息的需求提供有力的数据支撑。这一目的需要通过具体的系统开发和部署实现。数据概念模型为系统的设计、开发和实施提供了数据层面的规范依据和指导原则;而系统作为载体,直接面向用户,

---

① CRUD矩阵有很多种用法,如流程和数据、应用和数据、子系统和数据之间都可以建立CRUD矩阵表明它们之间的关联关系。

满足不同层面用户对信息的需求。数据模型的作用如下。

数据模型是整个系统建设过程的导航图。通过数据模型,可以清楚地表达企业内部各种业务主体之间的相关性,使不同部门的业务人员、应用开发人员和系统管理人员获得关于系统的统一完整的视图。

(1) 有利于数据的整合。数据模型是整合各种数据源的重要手段,通过数据模型,可以建立起各个业务系统与数据仓库之间的映射关系,实现源数据的有效采集。

(2) 通过数据模型的建立,可以排除数据描述的不一致性,如同名异义、同物异名等,使系统的各方参与人员基于相同的事实进行有效沟通。

(3) 由于数据模型对现有的信息以及信息之间的关系从逻辑层进行了全面的描述,当未来业务发生变化或系统需求发生变化时,可以很容易地实现系统的扩展。数据结构的变化不会偏离原有的设计思想。

数据模型通常包括概念数据模型、逻辑数据模型和物理数据模型。

1) 概念数据模型

概念数据模型是一个高层次的数据模型,定义了重要的业务概念和彼此的关系,主要解决核心的业务问题;由核心的数据实体或其集合,以及实体间的业务关系组成。一般来说,基于现有业务,往往就核心的业务概念及其关系(即概念模型)已经达成一致。概念模型是对现实世界进行高层次的抽象,是 IT 系统数据建模的一种方法,也是数据设计人员和开发人员沟通的工具。Entity Relationship Diagram (实体联系图)简称 E-R 图,是数据概念建模最常见的方式。E-R 图描述了企业数据的实体、属性和关联关系,它们的表现方式是:

实体(Entity): 能够用相同数据表示的实体,如客户定义了客户 A、客户 B 等所有企业客户都拥有的数据。实体用矩形表示,矩形框内写明实体名。

属性(Attribute): 定义实体拥有的属性,是一个数据项,如客户的属性有姓名、电话、地址等。属性用椭圆形表示,用无方向线条与相应的实体连接起来。实际设计中,属性通常和实体在同一个矩形中表示。

联系(Relationship): 表示两个实体之间的一对一、一对多、多对多关系。用菱形表示,菱形框内写明联系名称,用无方向线条与有关实体连接起来,并在线上标注联系的类型($1:1,1:n$ 或 $m:n$)。例如,客户 A 与产品之间存在订购关系,产品与工程之间存在生产关系等。

2) 逻辑数据模型

对概念数据模型的进一步分解和细化;描述实体、属性以及实体关系;主要解决细节的业务问题;设计时一般遵从"第三范式",以达到最小的数据冗余;系统设计时,根据已有的概念模型,与业务人员一起,直接进行逻辑模型的设计。

3）物理数据模型（其实属于应用架构范畴）

描述模型实体的细节，对数据冗余与性能进行平衡；主要解决细节的技术问题（数据库的物理实现）；需要考虑使用的数据库产品、字段类型、长度、索引等因素；必须首先确定数据库平台和应用程序的架构；逻辑模型设计完成之后，再根据所选的数据库产品及其他因素进行物理模型的设计。

3. 主数据

主数据是用来描述企业核心业务实体的数据，如客户、合作伙伴、员工、产品、物料单、账户等；它是具有高业务价值的、可以在企业内跨越各个业务部门被重复使用的数据，并且存在于多个异构的应用系统中（摘自 IBM）。简单来说，主数据是各系统"应用层面"的"普通话"，用来交互业务处理信息。主数据管理是一个全面的信息基础，用于决定和建立单一、准确、权威的事实来源，它是具有高度业务价值的、可以在企业内跨越各个业务部门被重复使用的数据，并且存在于多个异构的应用系统中。主数据管理最重要的是数据的唯一性、完整性和相互的关系。主数据管理解决的问题针对系统的数据值，解决系统之间的数据共享、数据值同步问题。

主数据管理的主要要求是针对组织机构、人员、客户、供应商、财务科目等主数据制定业务定义、业务规则、编码规范、数据类型、数据格式等，保证最重要那部分数据的准确性、完整性和一致性。同时，建立主数据管理办法，明确主数据的管理责任人及管理机制。梳理并建立公司主数据的全生命周期管理流程，保证主数据的应用只能"引用或采用"，而不能随意增加、修改、停用，实现主数据的统一定义，共享分发，保证数据的一致性。

主数据的一种重要表现形式体现在"编码类"数据项的编码定义中，通过这种方法可以规范数据的生命周期管理。当然，编码只是主数据规范管理的一种表现形式。主数据也要做好其生命周期管理，涉及相关制度、标准、工具、组织等。

在数据架构规划和分析的时候，一定要加强对基础主数据、核心共享动态数据的分析。可以看到，在后续构建整体基于微服务架构应用的中台时，核心中台组件来源于基础主数据和核心动态数据。业务组件模块和底层数据拆分域是对应关系，1 个数据拆分域只能有一个属主（owner）的业务组件。但是，一个业务组件却可能没有对应的底层数据对象，即该业务组件只是调用其他业务组件的数据能力。

4. 数据质量管理

数据质量是保证数据一致性、完整性、及时性的基础。数据质量管理是实现数据质量管理的配置、检查、报告、处理、反馈、完善的闭环处理，并协助制定相关制度；设计并实现数据质量实施方案，对已投产的系统进行数据质量评估；数据质量检查规则可配置；数据质量检查通过 ETL 任务实现，应当在实现数据质量检查规则的前提下，尽量减少系统资源占用;设计并实现完整的数据质量优化解决方案,逐步提高建设中的系统的数据质量。

5. 数据标准

数据标准是为了满足企业自身业务发展和分析决策需求而制定的规范性文件;为了保证数据资产在交换和使用过程中具有高度的一致性和准确性;是数据质量管理、元数据管理以及主数据管理工作的重要基础。

数据标准的具体工作是定义符合现状及未来业务发展的统一、完整的数据标准。对现有业务数据和指标进行梳理,设计符合公司现状的数据标准,制定统一、完整的数据标准,统一数据来源和规范,达到数据可重复使用的程度。具体要求如下:标准应严格符合行业规范;梳理业务系统数据,整理数据字典;定义基础数据项标准(包括公共代码、内部机构、客户、账户、资产等主数据的数据标准),明确各数据实体的信息项范围,制定信息项的业务、技术标准;定义分析类数据标准(包括财务管理、业务管理、客户管理等主题分析数据标准);定义的数据标准须满足客户管理、经营管理、风控管理等方面的数据质量要求;定义的数据标准需由各业务部门认可;标准应可以应对业务发展,具有一定的可维护性、可扩展性。

制定与执行数据标准是数据管理的重要工作内容。其中,基础工作是数据标准定义,而执行标准是控制数据质量的保障。

6. 数据治理

数据治理是为进行规范数据生命期管理营造良好环境,包括规划数据管控组织架构,进行数据管控管理职责分工;选择恰当的管理工具,使得项目组在同一个工具平台下高效地开展工作;制定数据管控流程以及数据管理操作模板,包括数据标准的申请、审核、发布等。

数据治理的具体工作如下:制定数据认责机制;提供数据标准管理、数据质量管理、元数据管理工具建议;提供适当、可行的管控管理办法,包括数据标准管理、数据质量管理、元数据管理。

5.2.3　数据架构的发布和使用

数据架构设计的结果如果没有被企业的业务和 IT 人员广泛接受和使用,则是一个很大的浪费,并且失去了数据架构的意义。数据架构应该作为企业的一个标准,在业务运营和系统开发的过程中都应该遵守,否则会出现各种各样的数据质量问题。数据架构报告或者数据字典都是数据架构应用的手段。建立一个在线的系统,支持对数据定义信息的查询,则会大大提高数据架构的使用效果。在这个在线系统中,应该对企业使用的每一个数据项做出详细的定义,供相关人员使用。数据架构的发布和使用均应在数据治理的规则下执行。

5.3　技术架构

　　技术架构是数据和应用的支撑,描述用于部署业务、数据、应用服务的软件和硬件的能力,包括 IT 基础设施、中间件、网络、通信、流程和标准等。基础设施架构涵盖的内容比较广泛,可分为技术平台和基础设施两大类。有些企业架构理论上会把 IT 架构分为数据、应用、技术平台、基础设施 4 个层次。为了简化问题,在本书中把技术平台、基础设施统称为技术架构。图 5.17 展示了技术架构的主要内容。

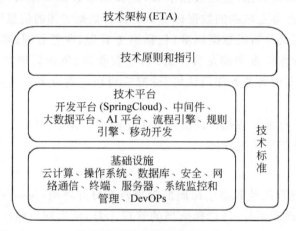

图 5.17　技术架构主要内容

　　其中,基础设施的搭建与运维(包括 IT 运维、信息安全等)、技术平台的搭建与维护是其中重要的内容。技术架构是为应用系统的运行提供开发和运行环境,与业务架构、数据架构、应用架构的逻辑不紧密,可以有较大的选择和实现上的灵活性。在开展其中的基础设施建设时,重点考虑访问量、访问方式、安全性、计算能力。

　　基础技术架构是 IT 架构中比较底层的架构,定义如何建立一个 IT 运行环境支持数据和应用架构,保证业务正常开展。技术架构不是软件开发、硬件系统、网络通信等的需求分析,而是设计一个 IT 平台。技术架构的设计团队需要有丰富的 IT 软件和硬件知识的人员,通常在业务架构、数据架构和应用架构设计完成之后,再开始技术架构的设计,保证设计结果满足对业务和应用系统的支持并保持一致。

　　基础技术架构的原则的制定需要考虑业务架构、数据和应用架构、现有的软硬件和网络技术、未来技术发展的方向等因素。技术架构涉及技术采用、设计开发、基础设施、产品选择、系统管理等方面的原则。下面为技术架构设计原则的举例。

（1）采用多层的基于互联网的 B/S 技术开发应用系统和数据库。

（2）所有的系统界面都采用统一的 GUI 技术。

（3）采用关系型数据库和 SQL 方式操作数据。

（4）网络协议采用国际标准 ISO、ANSI、IEEE 等，网络管理使用 7 层的 OSI 模式。

（5）采用开放式的软件和硬件平台。

（6）高可移植性：应用系统可以在多个平台运转。

（7）高扩展性：可以在低配和高配环境中运转。

（8）高兼容性：可以在多平台的环境中运转。

（9）高投资保护：利用现有资源，可以与未来新技术集成。

（10）系统开发采用 SOA（面向服务的架构）和面向对象的技术，使用建模和辅助开发、测试工具。

（11）数据集中存放在 DB2 或者 Oracle 数据库中，同时建立数据仓库。

（12）核心在线系统要提供 7×24 小时服务。

（13）在应用系统、数据库、网络中设置安全保护措施和系统。

（14）建立数据和系统的备份。

技术架构有概念设计、逻辑设计和物理设计 3 个层次。在企业架构的设计阶段，一般只涉及概念技术架构，其他具体的设计工作可以在项目实施的时候开展。概念系统架构图展示了企业 IT 系统的软硬件和网络平台、支持的应用系统等信息。概念图中的服务器、打印机、PC 代表了一台或者多台不同型号的设备，网络云图也代表了多个网络设备的总和，这也是称之为"概念图"的原因。从网络架构设计的角度，也可以设计出企业网络概念图，如图 5.18 所示。

技术架构也包括企业采用的标准技术的内容。在系统开发的时候，在技术标准范围内的技术应用和方案可以供项目组选择使用，或者在一定的条件下组合成新的方案。技术标准的存在促进了系统开发的规范程度，也降低了架构管理的工作量。表 5.12 是一个技术架构标准举例。

表 5.12　技术架构标准举例

服务/方案	系 统 标 准	状态	推荐产品
基于互联网的用户界面	HTML、XML、Java、DHTML	有效	
应用服务		有效	WebSphere
目录服务	LDAP	有效	

服务/方案	系 统 标 准	状态	推荐产品
文件服务		有效	FileNet
扫描服务	GIF/TIFF	有效	FileNet
规则服务		有效	iLog

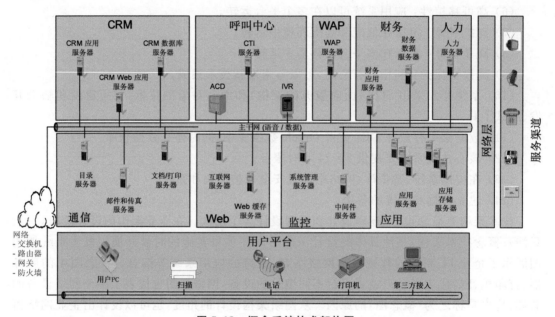

图 5.18 概念系统技术架构图

5.3.1 云计算

1. 云计算的优势

当今,企业对 IT 的开放性、通用性、可扩展性、安全性、高可用性提出了更高的追求,单一厂商锁定的原有企业 IT 基础架构的时代已经过去。市场迫切需要能够突破已有框架适应未来发展趋势的新一代企业基础架构平台。20 世纪 70 年代末,企业应用转为以业务应用为核心的应用时代。在平台市场也产生了相应的变化,客户为避免市场被垄断,用户开始转向 UNIX 系统。AIX、HP-UX、Solaris 等系统与 IBM 大型机占据了主流市场,但用户对 IT 平台的议价能力依然很低。从最早期的集中式业务系统规划带来的大型机的兴起,到分布式应用需求引出的小型机系统的独领风骚,互联网、云计算带来的数据量的急剧增加,实时数据处理的强烈需求,对于应用系统的弹性配置以及信息系统提供瞬间巨大计算处理能力的要求,都对现有的企业 IT 基础架构以及所能提供的处理能力提出了巨大的挑战,带来大数据更丰富的数据来源,并包含多种类型的信息格式。原来的企业 IT 架构已远远不能满足快速发展的业务需求,变革之路势在必行。

据 Gartner 预计,2020 年全球云计算市场的规模将达 4110 亿美元。当云计算在全球和中国做加速跑时,安全和隐私逐渐成为全球上云者的首要衡量标准,企业对云服务提供商的安全性、合规性提出了更高的要求。国内 IaaS 市场处于高速增长阶段,以阿里云、腾讯云、UCloud 为代表的厂商不断拓展海外市场,并开始与 AWS、微软等国际巨头展开正面竞争。国内市场,据中国信息通信研究院的可信云评估数据显示,阿里云、腾讯云、中国电信、金山云、UCloud、中国联通、中国移动等云服务商占据了国内大部分 IaaS 市场份额,并且市场份额还在不断扩大。

以虚拟化为基础 IT 设施系统成为发展的主流,企业级 Linux 平台逐步取代 UNIX。用户不再被单一厂家绑定,计算能力成本大幅降低,甚至性能、可靠性和稳定性超越传统架构,使用户更专注于业务应用的创新和提升。

虚拟化带来的好处如图 5.19 所示。

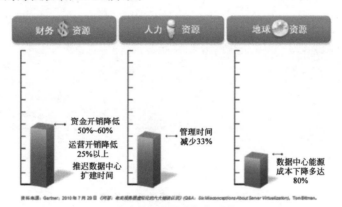

客户从服务器虚拟化受益

图 5.19　虚拟化带来的好处

优势一:敏捷的 IT 架构。

实时响应,灵活扩展是企业业务对 IT 基础架构的新要求。新一代基础架构提供了非凡的可扩展性,实现了 IT 资源的池化,实时响应,随需扩展,更好地支持企业业务创新。新一代企业基础架构以灵活、敏捷的架构,高效、便捷地随业务需要而变化:软件生命周期和硬件生命周期松散耦合;在不中断业务的情况下,实现纵向扩展或水平扩展;提供高效、灵活的开发/测试环境准备。

优势二:新一代企业基础架构在降低 TCO 方面的表现卓越。

节省硬件采购成本和维护成本(PC 服务器成本远远低于小型机);节省软件和维护费用,可以使用更便宜的商用软件和免费开源软件;节省测试环境、开发环境和容灾环境的费用。

优势三:开放性。

新一代平台的多样可选择性,避免用户过度依赖单一供应商,企业拥有更多的议价能力。这需要综合考虑技术、业务、平台的开放性、平台的生态系统是否健康完善等多方面因素。开发平台需要损失更多的应用数目和更多的软件选择。

从 21 世纪初期起,云计算逐步被行业接受并开始普及。2014 年之后,许多企业讨论的话题从"我们企业是否应该采用云?"变成"我们如何才能充分利用云计算,节约成本和提高效率?"。很多企业已经意识到云的价值,以及云能够帮助推动创新,缩短新服务上市的时间,并将自助式应用和服务推广至业务线。云计算不再被认为只是基础架构的解决方案,而是会从企业 IT 战略的高度考虑云的应用。越来越多的企业将云计算应用集成到业务流程和业务战略中,从而推动业务运营的创新。

云计算的商业价值如图 5.20 所示,而 IEEE(电气电子工程师学会)发布的中国云应用调研报告发现:

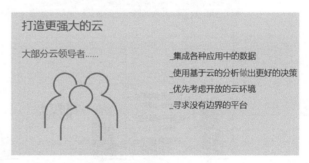

图 5.20　云计算的商业价值

(1)云已经逐渐成为企业所接受的主流 IT 技术和商业模式:60％的企业用云支撑主营业务网站,过半数企业用云支撑核心业务系统。初创公司群体中,业务全部上云的比例超过 59％。

(2)企业对云的信任状况高于预期:74％的企业已经认为云值得信任,近半数企业认为云上更加安全。

(3)企业逐步重视云计算安全:分别有 26％和 23％的企业认为未来云服务提供商需要在用户数据安全保护和灾备隔离措施上继续加强;安全问题、知识技能缺乏、上云成本仍是阻碍中国企业上云的三大因素。

随着云计算的发展,单纯的公有云或私有云已很难满足现有业务的需求,企业需要多种云环境并存适应新的业务发展。混合云解决方案在部署互联网化应用并提供最佳性能的同时,还可以保障私有云本地数据中心具备的安全性和可靠性。同时,混合云将企业 IT 运营模式以基础架构为核心转变为以应用为核心,使得企业 IT 可以结合本地传统数据中心和云服务找到部署应用程序的"最佳执行地点"。公有云市场具有越来越大的规模和商业价值,如图 5.21 所示。

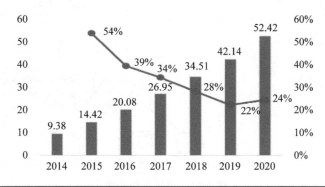

资料来源:IDC、招商证券

图 5.21　中国公有云的市场规模和增速预测(单位:亿美元)

面对竞争日趋激烈的国际市场,企业的所有部门都必须提高效率、生产力、创新和价值。过去 IT 部门一直是成本中心,而非创收部门,但是现在 IT 部门为了降低成本、提高创新能力,也不得不改变其业务模式。现在,业务线(LoB)主管经常需要求助 IT 部门为他们开发和交付新的应用和服务,更高效、更有效地开展日常工作。因此,IT 部门的基础架构必须足够灵活,能够以前所未有的速度满足新的要求。过去,企业采用从头开始购买和构建企业预置型基础架构等方式管理 IT。但是,这些方法已经无法满足当前的需求。现在,业务线不会等部署好基础架构再为新服务提供支持。相反,他们很有可能寻求未经授权的"影子 IT"的帮助,以便支持他们的 IT 需求。但是,影子 IT 存在很大的风险,可能会给企业带来严重的安全威胁,最终这些威胁和风险还是得由 IT 部门解决。因此,团队必须做好及时支持业务需求的准备。除此之外,还需要尽可能增加在私有数据中心基础架构上的投资。由于预算的紧缩,需要保证以最合理的方式分配工作负载,并确保所有基础架构都得到充分的利用或消费。总而言之,IT 部门必须利用现有投资和最新技术创造业务价值。

2. 云计算的 3 种模式

所有的云方法都有优势。第三方公有云服务具有简单直接的特点,而私有云则因防火墙增加了安全与控制。此外,还有将公有云、私有云或两者与传统 IT 充分集成并通过单一平台进行集中管理的混合云,如图 5.22 所示。

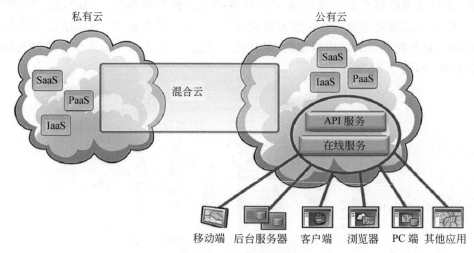

图 5.22　混合云架构图

很多传统企业已经建立了数据中心,大量的 IT 系统还是运营在传统的物理服务器上。如何引入云计算的同时,充分发挥现有 IT 资源,需要混合云的解决方案。混合云是指公有云或私有云,或者公有云和私有云与传统的 IT 资源和环境实现了全面集成,并通过一个单一平台集中管理。企业集成了不同的基础架构,以创造一个全面、混合的云环境。在不同的基础架构之间移动工作负载,或者多个云环境的应用共享数据都极具技术挑战。

在企业内部使用云的企业决策层考虑的是如何提高敏捷性和企业转型,以提供更好的用户体验和支持新的业务模型。很多大中型企业逐步认识到混合云的以下优势。

(1) 提高业务敏捷性:对于业务领导者而言,好的云战略应能帮助他们快速适应变化,同时变得更加积极主动。借助稳定、开放、透明且无缝集成的环境,企业可极大地创新服务,创建新的业务模型,从而赢得市场份额,提高客户保留率。

(2) 提高响应性:基于洞察力的生产性开发是快速应对市场变化和客户需求的基础。混合云提供的工具和平台可帮助整个企业以协作的方式高效参与到价值创建中,加速创新,缩短上市时间。

(3) 降低总体拥有成本,优化 ROI:借助云,可实现的远不止最初的经济效益,而是在长期范围内进行更加明智的投资。借助混合方法,企业可轻松尝试和优化基础架构的使用,因此一开始便可提高 IT 投资的价值。

(4) 改善客户体验:客户期待快速、安全的响应性应用和服务。借助高水平的控制、可靠性、可用性和性能以及每个工作负载的最佳部署平台,真正的混合云可帮助企业始终如一地满足这些需求。

(5) 提高决策制定的速度和准确性:分析洞察力能够为每一次员工互动、决策、应用和流程提供动力,以期脱颖而出并颠覆传统。将分析与云结合后,企业可揭示企业内外数据中隐藏的趋势和相关性,从而采用新的方法参与竞争。

采用开放式标准(如 OpenStack、Cloud Foundry 等)更具备兼容性和通用性,便于实现 API(应用程序编程接口)集成。一个强大的混合云战略应该提供多种部署选项,包括虚拟化机器、容器、裸机服务器、软件即服务(SaaS)。混合环境还需要提供运行时选项,如 Java、Swift、Apple(以开源方式运行)、Spring、Node、Ruby 或 Python。

平台需要能够支持企业的开发人员快速创新成果,包括升级现有应用和部署新应用。企业混合云解决方案应该集成一个强大的开放式平台,这个平台不仅要支持 Java,还要支持下一代的运行环境,如 Spring、Node、Ruby 或 Python,以及 DevOps 环境,支持不断实现集成、执行测试,加快上市速度。单独的云服务器的成本会比较低,但是还需要计算总拥有成本(TOC),考虑开发、集成、运维的成本。云环境需要与传统 IT 环境方便地进行应用集成和数据交换。

很多厂商在提供成熟“混合云”产品的同时,还能帮助管理和集成云组件,提高开发环境和生产环境的性能和生产力。随着云优先思维的普及,DevOps 团队必须能够在开放式云环境中有效地开发、部署和运行服务。

确保安全性和合规性对所有混合云来说都至关重要。在应用级别和基础架构内部采用标准的安全措施是打造稳定、一致的混合云体验的关键所在。除了直接在云堆栈内实施安全措施外,也可以以集成方式管理云,这能帮助间接地提高安全性,因为这种方式能更快速、更轻松地提供服务,从而减少部署未经批准的“影子 IT”资源。通过选择一家在云部署项目各个级别嵌入安全性的混合云提供商,能够保证 IT 环境和整个企业安全。

尽管云计算的采用率越来越高,但是为了执行高度敏感或安全的工作负载,或者因为某些应用更适合在防火墙内的 IT 环境中运行。IT 部门也希望发挥现有基础架构的最大潜力,只要在应用性能跟不上的情况下,再迁往云端。因此,企业需要将旧环境与云环境集成至一个统一管理的资源池中,也就是俗称的混合云环境。在很多企业中,核心后台的老系统与新的、快速迭代的基于云的移动应用共同运行。

3. 无服务器架构

近年来,互联网服务从最早的物理服务器托管、虚拟机、容器发展到如今的函数即服务(FaaS),即无服务架构。无服务架构是一种特殊类型的软件体系结构,在没有可见的进程、操作系统、服务器或者虚拟机的环境中执行应用逻辑,这样的环境实际上运行在操作系统上,后端使用物理服务器或者虚拟机。它是一种“代码碎片化”的软件架构范式,通过函数提供服务。函数即一个可以在容器内运行的小的代码包,提供的是相比微服务更加细小的程序单元。具体的事件会唤醒函数,当事件处理完成时完成调用,代码消失。

2014 年,AWS 推出首个业界云函数服务 Lambda。随后几年,各大云计算厂商相继推出自己的云函数服务,不同厂商的函数计算服务支持的编程语言和函数触发的事件源各有不同。无服务架构将服务器与应用解耦,降低了运维成本,带动了规模经济效益。无服务架构的横向伸缩是完全自动化高弹性的,由于只调用很小的代码包,调用和释放的速度更快了,用户只需为自身需要的计算能力付费,计费粒度可细化至秒级。服务器部署、存储和数据库相关的所有复杂性工作都交由服务商处理,软件开发人员只需专注于与核心业务相关的开发工作,更有效地贯彻敏捷开发理念。同时,服务商运营管理着预定义的应用进程,甚至是程序逻辑,当同时共用同一服务的用户达到一定量级,将会带来较大的规模经济效益。

无服务架构打破了以往的惯性思维,并提供了一个极具成本效益的服务。无服务架构仅有两年的历史,目前仍处于起步阶段,但未来这个领域会有更大的进步,它将带来软件开发和应用程序部署的一种全新体验。

1) 案例:太平保险集团私有云平台建设

太平集团拥有 25 家子公司并在全球拥有 2000 余个营业机构,集团总资产近 5000 亿元人民币,服务于全球近 9000 万个人用户和近 100 万企业用户。面对遍及全球的庞大业务以及非常严格的业务可靠性指标,传统的云服务或私有化 IT 系统都很难充分满足。因此,建设一个能够满足企业内部各类业务和管理需求的集团云就成为太平集团最合理的选择。

这一集团云需要在规模化的基础设施上实现行业应用、下一代安全、认知系统、物联网和嵌入式芯片等技术的应用,并使集团的各个业务在云计算、大数据、移动社交方面的能力获得提升。面对这一需求,太平集团不仅需要建设新的 IT 系统,更需要使用新一代技术对原有 IT 系统进行深度重构,并以云计算为承载平台开展集团最核心的保险业务,这样才能够实现多地数据中心的统一管理和利用。而这也是太平集团提出的"科技太平"战略的核心之所在。所以,目前正在建设和发展中的"太平云"就成了"科技太平"战略的重要平台基石。

目前,太平集团正以太平人寿和太平金科为基础试点,从注重效率出发,构建一个从 IaaS 到 SaaS,从基础试点到集团标准的完整云路线图,并在未来的一到两年建设一个由认知云、数据云、资产云组成的专业领先的保险集团云平台。其关注重点也将从目前的效率升格为服务能力的提升。太平云的目标是以技术迭代和管理升级实现其在规模、应用、制度和创新等维度上的全面发展。

2) 案例：中信集团数字化转型案例

和很多传统行业企业一样，中信集团也面临着信息化建设之后的四大挑战。

（1）有限的 IT 资源和无限的业务需求的矛盾。

（2）局部的业务系统和整体的 IT 策略的矛盾。

（3）业务短期价值和公司长期战略发展的矛盾。

（4）IT 要从被动服务变为主动布局的矛盾。

为解决以上矛盾，早在 2016 年，中信集团就成立了"互联网＋转型"领导小组和工作小组，负责制定整体规划，明确转型的主要目标是建设中信产业云网，确认中信产业云网的平台架构、能力要求，以及集团与子公司的角色和定位等，并成立全资子公司"中信云网有限公司"。采用 IT 双模式，确认"平台＋应用"的模式，打造了 IaaS＋PaaS＋SaaS 的三层架构云平台，兼具稳态与敏态，云架构成功支持了复杂交易与流程，满足严格风险控制。

中信集团重点子公司中有 1200 个传统系统，并且技术体系分散，中信云平台确立了 3 个建设原则。

（1）做新的，不是升级旧的平台。

把握技术发展趋势，利用云计算和大数据技术打造产业互联网平台，通过中信云整合内外部资源，推动"互联网＋"转型。不是通过对原有技术平台的升级改造实现云计算平台。因此，采用新模式，做轻资产，专注价值，如 IaaS、PaaS。

（2）做连接，不是替代旧的系统。

传统信息技术整合的方式是大集中，其方式是总部统一建设新系统替代旧系统。例如，金融行业核心交易系统的大集中模式。中信云实施策略是开放共享和互联互通，提供连接服务和共享服务，旧的系统通过中信云实现开放共享和互联互通，新的应用可以直接依托中信云开发实现互联互通，如用户连接器、支付服务。

（3）做赋能，不是抛弃旧的系统。

产业互联网的架构策略是提供云计算、大数据、物联网、移动互联、人工智能和区块链等科技供给，助推经营网络化、管控智能化、产业生态化。通过中信云平台将新科技、新资源和新能力提供给传统业务，助推传统业务实现"互联网＋"转型，而不是抛弃旧业务和旧系统。

中信的云网平台采用云中介运营服务模式构建，通过吸引各类优质云服务提供商入驻，为集团内外企业客户提供云计算服务。阿里云、腾讯、用友、Oracle 等成为入驻的服务提供商。集团总部利用中信云平台开发了几十个集团级应用，同时有几十家子公司利用中信云开发了丰富的渠道、生产和管理类应用。基础设施云平台初步解决了计算能力的问题之后，中信集团继续搭建软件服务云平台、大数据云平台等基础平台，赋能集团子公司，帮助他们实现资源和能力的在线化和数字化。未来中信云的目标是完成"产业互联网赋能平台建设""提高大数据处理和供给能力""经营服务数字化、在线化""产业生态化试点""激活集团双创工作"五大战役,推动集团产业互联网的落地实施。

纵观中信集团信息化建设,可以分为两大阶段:信息化阶段和数字化阶段。信息化阶段主要是企业内部流程信息化,提升管理效率,如 CRM、ERP、HR、财务、协同,注重的是企业内的协作和连接。2016 年开始的数字化转型是全面的企业、组织、人、物的数字化定义,并通过互联网进行连接,形成新的生态模式,实现业务转型,找到企业在新业态中的价值定位,形成新的商业模式。二者的分水岭是云计算技术的广泛应用,开发者很容易获取和利用计算资源,开发创新的业务应用,也推动大数据、物联网和移动互联等技术在集体中的应用。

5.3.2 集成技术解决系统烟囱问题

企业应用集成是将基于各种不同平台、用不同方案建立的异构应用集成的一种方法和技术,已成为国内外各行业构建信息资源协同、共享、集成的先进思想和有效技术手段。

早期的系统间"点对点"接口集成方式缺乏可伸缩性(图 5.23)。消息格式、路由逻辑、安全策略等集成逻辑硬编码到应用中;没有服务的目录,搜索和发现功能难于重用;分散的服务难于管理,无法进行端到端的监控以支持服务水平协议(SLA);缺乏对服务变更的管理等。

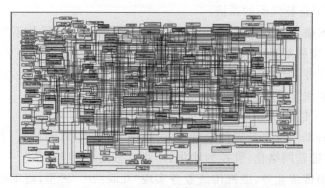

图 5.23 系统间"点对点"接口集成方式

高速公路是经济建设的血脉,应用集成对于企业信息化建设的重要意义,犹如高速公路对于经济建设的意义。高速公路连接起各区域的交通运输,支撑物资交换。应用集成将异构的信息系统进行集成,构建应用之间的远程方法调用的高速信息通道(图 5.24)。

1. 应用系统集成技术列表

常见的集成技术列表见表 5.13。

- 传统架构
- 基于消息传递的模式

- 应用之间点对点的连接
- 实现简单、基本的信息交互和数据传递

- 过渡架构
- 企业应用整合

- 通过HUB模式实现应用之间的整合
- 很容易管理大量的连接和系统

- 先进构架
- 面向服务体系架构
- SOA

- 通过企业服务总线实现服务的整合集中和流程实现
- 借助标准的接口灵活地连接，实现真正的随需应变

系统集成技术发展

图 5.24　系统集成技术发展

表 5.13　常见的集成技术列表

集成技术	说　明
WebService (SOAP/HTTP)	WebService 是连接异构系统或异构语言的首选协议，它使用 SOAP 形式通信，可用于任何语言，目前许多开发工具对其的支持也很好。（本文提到的 WebService 基于 HTTP 传输协议）
RPC	远程过程调用（Remote Procedure Call，RPC）通过网络从远程计算机程序上请求服务，不需要了解底层网络技术的协议
RMI	RMI 是 Java 语言本身提供的远程通信协议，稳定、高效，是 EJB 的基础。它只能用于 Java 程序之间的通信
Socket	Socket 是应用层与 TCP/IP 协议族通信的中间软件抽象层，它是一组接口。它把复杂的 TCP/IP 协议隐藏在 Socket 接口后面。在 Java 环境下，Socket 编程主要是指基于 TCP/IP 协议的网络编程
HTTP Invoker	HTTP Invoker 是 Spring 框架提供的远程通信协议，只用于 Java 程序间的通信，且服务端和客户端必须使用 Spring 框架
Hessian	Hessian 是 CAUCHO 公司提供的开源协议。Hessian 是一个轻量级的 remoting onhttp 工具，使用简单的方法提供了 RMI 的功能。相比 WebService、Hessian 更简单、快捷。Hessian 采用的是二进制 RPC 协议，所以它适合发送二进制数据

续表

集成技术	说　明
Burlap	Burlap 也由 CAUCHO 公司提供,它和 Hessian 的不同在于,它是基于 XML-RPC 协议的
JMS	Java 消息服务(Java Message Service,JMS)是一种应用于异步消息传递的标准 API,作为 Java 平台的一部分,JMS 可以允许不同应用、不同模块之间实现可靠、异步数据通信。Java 消息服务是一个与具体平台无关的 API,绝大多数 MOM 提供商都对 JMS 提供支持
FTP	文件传输协议(File Transfer Protocol,FTP)是应用层的传输协议,它基于传输层(TCP),为用户服务,它们负责进行文件的传输
ETL	ETL(Extract-Transform-Load)即数据抽取、转换、装载的过程,负责将分散的、异构数据源中的数据(如关系数据、平面数据文件等)抽取到临时中间层后进行清洗、转换、集成,最后加载到目标数据库中
JDBC	JDBC(Java Data Base Connectivity,Java 数据库连接)是一种用于执行 SQL 语句的 Java API,可以为多种关系数据库提供统一访问,它由一组用 Java 语言编写的类和接口组成。采用 JDBC 技术进行数据传输,一般是目标应用通过访问数据源提供的中间表的方式进行,禁止直接访问数据源的生产数据库
DBLink	当应用要跨本地数据库,访问另外一个远程数据库时,本地数据库中可以创建远程数据库的 dblink,通过 dblink 应用可以像访问本地数据库一样访问远程数据库中的数据
RFC	RFC(Remote Function Call)是 SAP 系统和其他(SAP 或非 SAP)系统间的一个重要而常用的双向接口技术,也被视为 SAP 与外部通信的基本协议

ESB 产品一览表见表 5.14。

表 5.14　ESB 产品一览表

类型	产　品	公　司
商业	Oracle Service Bus (OSB)	Oracle
	Oracle Enterprise Service Bus (ESB)	
	WebSphere Enterprise Service Bus	IBM
	WebSphere Message Broker	
	WebSphere DataPower	
	Sonic ESB	Progress
	ActiveMatrix　Service Bus	TIBCO

续表

类型	产　　品	公　司
开源	Mule	MuleSoft
	ServiceMix/FUSE ESB	Progress
	Synapse/WSO2 ESB	WSO2

不同的应用场景决定了应用系统集成具体采用的集成技术。从系统与系统之间集成需求的角度看,应用系统集成技术可以分为应用功能交互(调用)和数据交换两大类型,如图 5.25 所示。

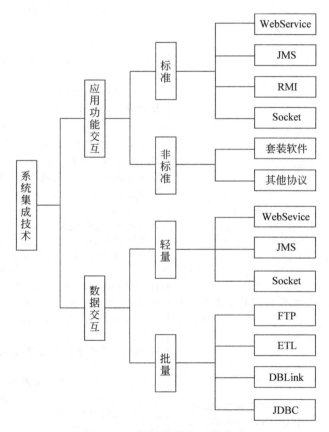

图 5.25　系统集成技术的分类

应用功能交互是指系统之间互相调用对方提供的功能（服务）。数据交换是指系统之间以获取对方数据为目的的交互（数据传输），包括轻量和批量（大量）数据传输。对于联机/实时的查询交易，这里也作为轻量的数据交换类型选择合适的集成技术。下面是对这两种集成技术类型的常见场景特点说明（表 5.15）。

表 5.15　集成技术适用性参考表

集成技术类型		技术实现	适用性说明
应用功能交互	标准集成技术	Webservice	快速与 ESB 平台对接（ESB 标准集成技术）； 开放的技术标准，异构系统间的交互； 适合业务功能的封装； 多用于同步通信模式，异步必须通过回调机制实现
		JMS	支持异步通信模式，同步通信需要额外的开发保证； 对性能和可靠性的要求高； 复杂分布式事件处理场景
		RMI	基于 Java 技术平台的系统间集成； 对系统交互性能的要求高； 专注于远程对象方法调用（功能），不建议用于大数据量传输
		Socket	并发量大，性能要求很高； 可靠性要求高； 接口比较稳定，不会频繁变更
	非标准集成技术	基于 HTTP 的扩展，如 HTTP Invoke、Hessian、Burlap	HTTP Invoker：基于 Java 技术平台的系统间集成，并且都使用 Spring 框架； Hessian：异构系统间集成，且对性能有较高的要求； Hessian：异构系统间集成，且对性能要求不高
		套装软件集成技术，如 RFC、connector 等	对于套装软件，通常有成熟的更适合自身特点的集成技术和工具，如自带的 connector 等，并且难以进行接口改造，无论是套装软件与其他系统之间，还是套装内部 Instance 之间，都建议采用套装软件自有集成技术进行集成

续表

集成技术类型		技术实现	适用性说明
数据交换	轻量数据传输	Webservice	同步的轻量数据传输； 如果数据量偏大，则需要考虑分页调用机制
		JMS	异步可靠的轻量数据传输； 有传输数据持久化要求； 如果数据量偏大，则需要考虑消息分组/分段技术； 适合数据发布/订阅场景
		Socket	并发量大，性能要求很高； 可靠性要求高； 接口比较稳定，不会频繁变更
	批量/大量数据传输	FTP	批量/大数据量的文件传输； 非实时的数据交换； 不涉及数据的加工转换； 目标系统不适合高频轮询 FTP 服务器获取数据
		ETL	系统间大批量结构化数据交换，涉及数据的加工转换和清洗； 对数据实时性要求不高； 数据传输通常通过定时触发，不适合高频轮询方式触发
		DB Link	适合 Oracle 数据库之间的数据交互； 接口表结构不会经常变更
		JDBC	目标系统通过中间表方式获取源系统数据库中的数据

- 对于应用功能交互

（a）系统之间功能调用，触发被调用方执行特定的处理逻辑。

（b）对系统间的交互有实时性需求。

（c）一般不包括非实时的大/批量数据交互。

- 对于数据交换

（a）轻量/实时的数据交换，通常是目标系统主动调用源系统的数据接口。

（b）对系统间的实时性要求不高，批量/大量数据交换，通常是源系统将数据推送给目标系统。

（c）数据交换时可能涉及数据的转换、加工和清洗。

2. 传统 ESB 为集成平台的架构

企业服务总线是一个具有标准接口,实现了互连、通信、服务路由,支持实现 SOA 的企业级信息系统基础平台。它提供消息驱动、事件驱动和文本导向的处理模式,支持基于内容的服务路由。SOA 架构将各应用服务器(包括异构的服务器)上的各种服务连接到服务总线上,支持分布式的存储及分布式的处理、异步处理,为信息系统的真正松耦合提供了架构保障。如图 5.26 所示,ESB(企业总线)简化了企业整个信息系统的复杂性,提高了信息系统架构的灵活性,降低了企业内部信息共享的成本。

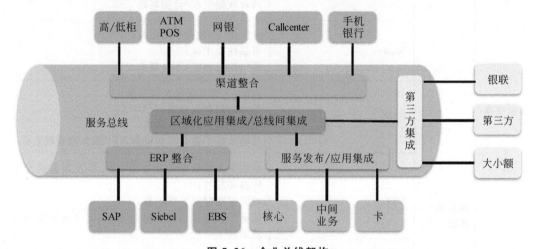

图 5.26 企业总线架构

企业级服务总线主要的功能如下。

(a) 服务统一管理:为整个系统提供一个统一的、标准的、可靠的、可扩展的服务管理平台。

(b) 集成服务:提供基础的服务与定制的服务;支持集成服务模式;支持服务的分解,服务调度和路由,服务封装,服务组合。

(c) 公用服务:提供内置的各种公用服务,如认证服务、日志服务等。

(d) 服务协议转换:通过把不同的通信协议转换成标准的报文,屏蔽异构系统的底层技术差异。

(e) 服务监控:提供服务等级管理及流量管理。提供多角度的服务实时监控、报警与交易分析报表。

(f) 安全体系:提供多种安全机制并支持和第三方安全系统的有效集成,提供有效的安全监控机制。

3. API 平台

企业走向数字化,本身就是一个从封闭走向开放的过程,充分连接并挖掘数据的价值,形成新的商业模式。那么,作为开放企业的黏合剂,API 经济就是企业数字化转型的关键。企业通过 API 快速开放核心能力,并能够对 API 提供安全运行和高效管理的成熟软件,它能够帮助企业整合核心能力,通过 API 包装成符合互联网模式的产品或服务,最终实现 API 的管理和生态的开放。企业提供 API 发布和管理、API 能力评估、安全接入、性能加速和开发者社区等开箱即用的功能,这些能力可以让企业将传统的核心能力互联网化,通过对这些产品和服务的运营,更加快速和广泛地融入新的业态中,通过安全高效的技术解决方案,大大加快企业数字化转型的速度。

1) API 服务总线

API 服务总线提供高可用、稳定高效、可线性扩容的服务能力以及丰富全面的访问控制。

协议转换:支持常用协议服务的接入和开放(HTTP/HSF/Dubbo/SOAP Web Service),未来还将直接支持更多的通用协议,如消息等;同时支持复杂类型和结构的出入参数定义,以及高度定制化、灵活的数据变换。

认证鉴权:可对接企业自有账号认证系统,实现灵活的访问鉴权。

服务控制:提供服务流量控制、黑白名单、服务路由、响应过滤,未来还将陆续开放请求验证、响应缓存等更多功能。

2) API 管理组织

API 管理组织提供可灵活定制的 API 全环节管理和组织。

服务发布:提供服务发布(新版)、服务发布(旧版)、服务生命周期管理、服务组管理、服务(发布、订购)审批、导出/批量导入服务,以及适应复杂多环境连通场景,如混合云的跨 CSB 实例联动发布机制。

服务授权:提供灵活的服务授权方式。

服务消费:提供服务调用 SDK(软件开发工具包),以及服务消费计量、限量能力。

3) API 运维管控

API 运维管控提供多样的运维管控工具,用以获取及时详尽的系统状态信息,系统维护方便、快捷。

日志监控:提供系统管控、服务消费与管理审计日志,详尽的服务调用状况统计、链路分析,以及系统巡检和报警能力。

平台配置:提供实例管理、用户管理、灵活的系统角色权限定制能力。

API 集成平台如图 5.27 所示。

API 网关系统保证数据面的业务不中断。由于对接 API 网关的服务是多样的,客户

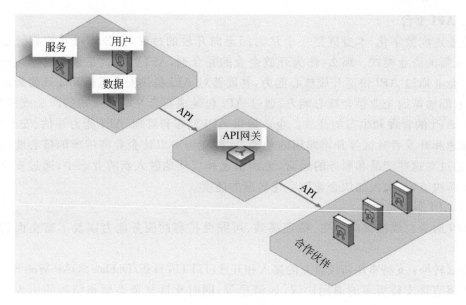

图 5.27　API 集成平台

API 与应用的设计不可控,很难要求每个接入的服务以及客户端都具备容错能力,特别是一些比较传统的业务。这就要求网关尽量保证能正常处理每个请求,且满足较高的 SLA (Service-Level Agreement),现在业界的 API 网关分为几种:直接使用云服务、Nginx 系列、Golang 系列、Java 系列等。图 5.28 是 Gartner 对主流的 API 网管产品做的领先和挑战者分析。

4. 云服务总线

云服务总线(Cloud Service Bus,CSB)用于实现专有云和混合云场景下的跨系统、跨协议的服务互通。CSB 面向企业用户,在公共云上提供两种类型的服务实例:共享实例和专享实例,主要针对需要对系统间服务访问和对外开放进行管理和控制,包括安全授权、流量限制。越来越多的企业组织都需要以 API 方式把自己的核心业务资产贯通整理并开放给合作伙伴,或者由第三方的应用整合,以便发掘业务模式、提高服务水平、拓展合作空间。CSB 帮助企业在自己的多个系统之间,或者与合作伙伴以及第三方的系统之间实现跨系统、跨协议的服务能力互通。各个系统以发布、订阅服务 API 的形式相互开放,并对服务 API 进行统一管理和组织,围绕 API 互动,实现企业内部各部门之间,以及企业与合作伙伴或者第三方开发者之间业务能力的融合、重塑和创新。

如图 5.29 所示,CSB 可以把企业内外应用提供的服务发布成 API,供消费方订阅调用,并提供审批授权、服务管控和计量监控等能力。而且不仅是把内部服务开放到外部,

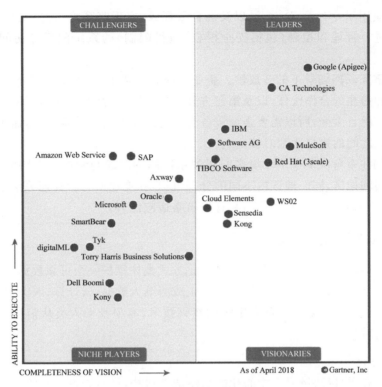

图 5.28　API 网关魔力象限

如图 5.29 中的标号①～④所示,可以是内到内、内到外、外到内、外到外各种方向的灵活开放方式。如②所示的开放方式,以及如③和④的组合效果所示,一个服务可以同时开放成具有多个不同协议入口,甚至是不同开放方向的 API。

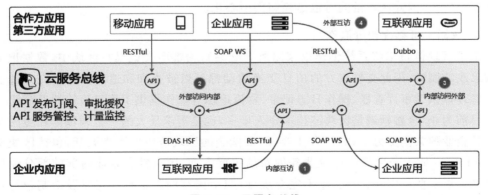

图 5.29　云服务总线

CSB 可应用于专有云、公共云，以及混合云场景，实现跨系统、跨协议的服务互通，主要针对需要进行管理和控制（包括安全授权、流量限制）的系统间服务访问和对外开放场景。

CSB 注重互联网场景下的开放性。企业以服务 API 的方式开放自身的业务能力，提供给已有的和潜在的合作伙伴，以及第三方开发者，共同满足多变多样的需求。由于服务开放的对象广泛且多变，所以需要强调服务开放管理以及线性扩容能力，而不是一次性地给定两个系统之间的接口适配对接。

CSB 特别注重解决复杂多环境多归属的系统间的互通与管控。不同的企业组织，企业组织内不同的地区，同一地区内不同的分部机构，在连通形态和管理关系上可能大不相同，需要有灵活的服务访问打通能力和管控策略适应能力。

5.3.3　区块链技术架构

区块链（blockchain）技术作为以去中心化方式集体维护一个可靠数据库的技术方案，具有去中心化、防篡改、高度可扩展等特点，正成为继大数据、云计算、人工智能、虚拟现实等技术后又一项将对未来产生重大影响的新兴技术，有望推动人类从信息互联网时代步入价值互联网时代。

1. 去中心化

从治理上来说，区块链没有中心化的组织或者机构，任意结点之间的权利和义务都是均等的，区块链通过共识机制防止少数人控制整个区块链系统，因此区块链是治理去中心化。从架构上来说，区块链是基于点对点的对等网络，任一结点的损坏或者失去都不影响整个系统的运作，系统具有极好的健壮性，因此区块链是架构去中心化。从存储上来说，区块链是一种分布式存储技术，数据被分布存储在所有结点并达成共识，并不存在某一中心掌握存储权，因此区块链同时也是存储去中心化。

2. 数据不可篡改和可追溯

由于区块链技术将系统创建以来的所有交易行为都明文记录在区块中，数据记录不能被篡改或删除，因此交易双方的信息交换活动都可以被查询和追踪。这种完全透明的数据管理体系为审计查账、操作日志记录、物流追踪等操作提供了值得信赖的追踪捷径。

目前为止，金融领域是区块链技术介入最多，也是需求最大的一个领域。在金融企业和科技企业的共同努力下，2018 年上半年，我国金融区块链应用逐步展开，包括区块链在内的 Fintech 成为金融界产品及业务创新的主要方向，区块链在企业内部的部分业务领域已经开展一些探索和尝试。据不完全统计，包括国有四大银行和主要股份制银行在内的国内大型银行均已布局区块链，其中不乏典型的应用案例，主要涉及供应链金融、资产托管、跨境清算、公益捐款、联合放贷等方面的应用。

3. 资产管理

数字化时代下,股权、债券、票据、收益凭证、仓单等数字金融资产由不同中介机构托管。区块链技术可在多结点、多机构、多区域建立资产共享的分布式账本,记录各类实体或虚拟资产,其不可篡改性可确保资产信息的真实性,为资产高效管理提供重要的技术支撑。当前,我国银行已经关注到区块链在资产托管中的巨大价值,部分银行已经上线了基于区块链的资产托管业务系统。此外,区块链技术服务企业数字资产管理的相关业务也在顺利开展。

4. 供应链金融

在供应链金融领域,基于区块链账本记录的可追溯和无法篡改性,整合供应链上下游企业的真实背景及贸易信息,有利于提高供应链金融行为的安全审计和行业监管效率,降低监管成本。此外,区块链技术在供应链金融领域的应用能够为企业增信,有助于企业降低融资成本。当前,通过行业企业与区块链技术服务企业的合作,一批基于区块链的供应链金融服务平台相继启动或上线,成为我国供应链金融业务创新的重要方向。

5. 电子存证多点突破

区块链在电子存证领域的主要应用是利用区块链技术的时间戳、不可篡改等功能实现数据真实性证明。截至 2018 年 6 月,在电子存证区块链联盟"法链"的推动下,我国电子存证领域区块链应用快速发展,在多个细分领域涌现出一批应用案例。例如,电子合同 SaaS 平台"法大大"联合阿里云邮箱推出了基于区块链技术的邮箱存证产品。

5.3.4　高效低成本 IT 运维——DevOps

IT 运维从基础运维向平台运维、应用运维转型升级。随着云计算的发展,IT 系统变得越来越复杂,运维对象开始由运维物理硬件的稳定性和可靠性演变为能够自动化部署应用、快速创建和复制资源模板、动态扩缩容系统部署、实时监控程序状态,以保证业务持续稳定运行的敏捷运维。同时,开发、测试、运维等部门的工作方式由传统瀑布模式向 DevOps(研发运营一体化)模式转变。传统 IT 模式的组织和角色、流程和规范以及工具都需要进行转型和升级。IT 团队架构需要从以前开发、测试、运维等部门的划分,转变为以服务和业务支持单元为划分,如图 5.30 所示。

DevOps 提升软件生命周期效率。DevOps 被定义为一组过程、方法与系统的统称,强调优化开发(Dev)、质量保障(QA)、运维(Ops)人员之间的沟通合作(图 5.31),解决运维人员人工干预较多、实时性差等痛点,变被动运维为主动运维,通过高度自动化工具链打通软件产品交付过程,使得软件构建、测试、发布更加快捷、频繁和可靠。

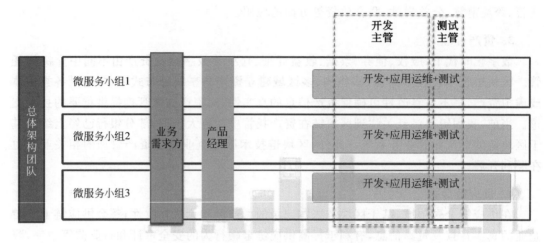

图 5.30   DevOps 模式的 IT 组织架构

    IT 部门实施 DevOps 转型后的价值体现在：缩短开发周期和提高的部署频率,产品快速推向市场;提高开发质量,提高可用性,提高变更成功率,减少故障;提高组织的有效性,将时间花在更有价值的活动中,减少浪费,同时交付更多的需求到客户手中。

5.3.5   安全

    2018 年 5 月 12 日,WannaCry(想哭)比特币勒索病毒在全球范围内爆发。据腾讯安全反病毒实验室安全研究人员分析发现,此次勒索事件与以往相比最大的区别在于,勒索病毒结合了蠕虫的方式进行传播。由于在 NSA 泄露的文件中,WannaCry 传播方式的漏洞利用代码被称为 EternalBlue,所以也有报道称此次攻击为“永恒之蓝”。

    在云计算的背景下,“云上的世界更安全”已成为对公有云安全形态的“普遍认识”。无论是针对传统数据中心的安全防护,还是基于云计算的虚拟化安全防护,业务驱动安全的本质并没有改变,其不同之处在于虚拟化环境下,业务更复杂,安全防护的方式也更加多元化、复杂化。

    近年来,云服务商对云计算安全越来越重视。根据国家相关法律法规和上级监管部门要求,云服务商在网络安全、系统安全、应用安全、数据安全等基础安全方面进行了落地实施,如在管理方面制定了安全管理制度和安全运维流程,确保安全工作开展合规;在技术方面严格控制运维人员的访问权限,定期开展对宿主机、应用软件、数据库软件的安全扫描及加固,确保安全风险可控。部分云服务商成立了专业部门负责推动安全工作的同步规划、同步建设、同步使用,确保其云计算平台运营安全。同时,根据云计算用户的安全需求,云服务商提供云抗 DDoS、云 Waf、云杀毒、云态势感知等安全服务,帮助云计算用户

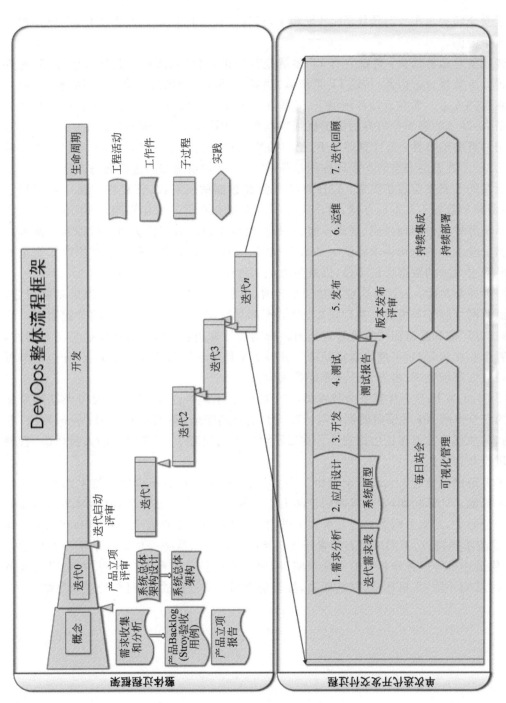

图 5.31　DevOps 全流程工作框架

提升了安全防护水平。与传统 IT 系统相比,云计算面临的风险点发生变化,主要体现在如下 4 个方面。

传统安全边界消失:传统自有 IT 系统是封闭的,对外暴露的只是网页服务器、邮件服务器等少数接口。因此,传统 IT 系统以"边界"为核心,利用防火墙、入侵防御等手段可以有效阻挡攻击。而在云计算环境下,云暴露在公开的网络中,虚拟化技术使得安全边界概念消失,基于物理安全边界的防护机制难以在云计算环境中得到有效应用。

用户具有动态性:云计算环境下,用户的数量和分类变化频率高,具有动态性和移动性强的特点,静态的安全防护手段作用被削弱,安全防护措施需要进行动态调整。

更高的数据安全保护要求:云计算将资源和数据的所有权、管理权和使用权进行了分离,资源和数据不在本地存储,用户失去了对资源和数据的直接控制,再也不能像传统信息系统那样通过物理控制、逻辑控制、人员控制等手段对数据的访问进行控制。面对用户数据安全保护的迫切诉求和庞大的数据规模,云计算企业需要具有更高的数据安全保护水平和更先进的数据保护手段,以避免数据不可用、数据泄露等风险。

多种外部风险:云计算企业搭建云平台时,可能会涉及购买第三方厂商的基础设施、运营商的网络服务等情况。基础设施、网络等都是决定云平台稳定运行的关键因素。因此,第三方厂商和运营商的风险管理能力将影响云计算企业风险事故的发生情况。同时,云计算企业在运营时,可能将数据处理与分析等工作分包给第三方合作企业,分包环节可能存在数据跨境处理、多方责任难界定等风险。

图 5.32 为 IaaS 云计算安全技术架构。对于云计算平台,IaaS 层主要考虑基础设施相关的安全风险,PaaS 层需要保证运行环境和信息的安全,SaaS 层从应用、Web、网络、业务、内容、数据等方面保证应用安全。在云平台的运营过程中,涉及复杂的人员风险、管理流程风险和合规风险。

很多用户仍会有"上云,安全就由云服务商负责"的误解。不少信息技术水平较弱的客户在接触云计算初期,安全风险防控能力不够强,购买 SaaS 服务后,使用时并不懂如何进行安全防护,云服务商需要建立更强大的生态,以保障云客户安全。针对 IaaS、PaaS 和 SaaS 层的不同特点,不同风险点的责任分担情况不同。云服务提供商应基于云客户的需求,提供云主机等服务和相应的安全策略,同时负责维护云平台的高可用,在出现风险事件时,对基础环境、主机环境、网络环境,甚至是应用环境进行故障定位、处置和总结。

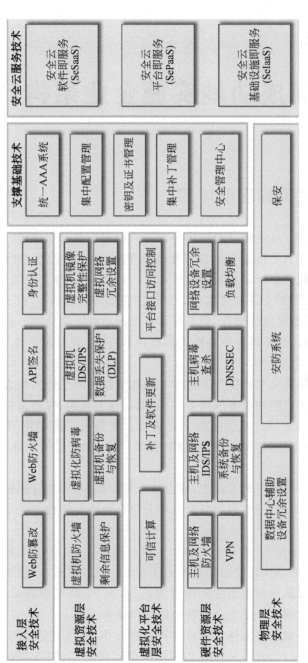

图 5.32 IaaS 云计算安全技术架构

第6章

如何成功地实施企业架构转型

6.1 建立企业架构治理体系

第4章中阐述的一些治理方面的内容同样适用于企业架构治理。

企业架构治理体系是搭建企业日常架构运转的平台,从组织、流程、工具等方面保证企业架构工作的有效开展。企业架构设计与IT规划不同,为了使架构更加完整,企业应该重视包括业务和IT的企业总体架构。目前国内很多企业有了IT架构图,描述了复杂的系统功能、数据关系和网络硬件,但是却没有反映业务的架构图。企业需要在理解总体架构的理论和方法后,选择适合自身特点的理论和方法,开展包括业务和IT架构在内的总体架构的设计和实施工作。

企业架构治理体系由架构资产库建设和架构管控两部分能力组成。

架构资产以公司战略和业务战略为依托,通过业务架构、应用架构、数据架构、技术架构、安全架构等资产,全面规范企业数字化建设。架构资产库的内容包括数字化规划蓝图、各系统架构设计文档,以及管控类文档(如交付物模板、过程管理办法、标准规范以及管控模板等)。

架构管控是在架构资产的基础上,建立健全管控组织,明晰管控职责,制定管理原则,执行管控流程,管理架构资产,通过管理流程长效保障企业架构在各个项目实施过程中落地和执行。

在组织保证上,企业IT委员会可以作为最高决策者,负责信息系统重大技术路线的决策,业务、应用、数据、集成、安全和技术方面重大问题的讨论,审核关键架构资产的设计和修改。企业架构团队一般由企业架构管理组、企业IT领导和各业务单元/分公司的认证企业架构师构成。图6.1是企业架构组织保障体系示例。

企业架构团队负责开展总体架构设计和管控工作,组织制定管理办法、规范和实施方案,管理和维护架构资产,开展总体架构和系统架构评审,组织各类数字化项目的系统架构合规检查,建设公司架构师体系并开展架构管理考核和架构资产宣贯培训。

企业各部门需要设置企业架构师岗位,参与和支持企业架构部门的工作,推动总体架构设计在总部或分支机构的 IT 建设中全面落实。根据架构设计蓝图,组织制定、审核并维护架构现状和演进路线;参与总体架构设计;参与架构合规检查,开展架构合规检查,组织 IT 项目的系统架构评审等。

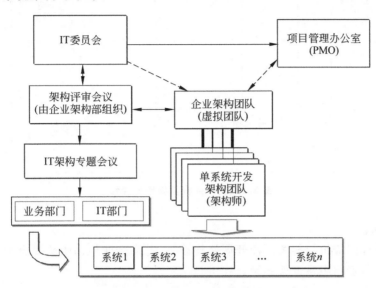

图 6.1　企业架构组织保障体系示例

架构管控是在架构资产的基础上,制定并执行管控流程、管理架构资产的管理行为,包括架构资产建设及发布管理流程、总体架构资产变更维护流程、总架遵从性管理流程等。图 6.2 是企业架构阶段审核流程。

架构遵从性管理是确保企业架构落地和执行的必须措施,架构管理人员应在项目可行性研究、立项、设计、上线、验收 5 个阶段开展架构遵从检查。

1. 可行性研究阶段

项目建设部门应组织可行性研究,编制部门基于总体架构开展可行性研究、相关内容编制及关键技术的概念验证工作。企业架构团队负责组织对可行性研究相关内容进行评审。

2. 立项阶段

项目建设部门应将立项签报材料报送企业架构团队进行预评审,评审通过后经企业架构管理组评审方可进入立项签报流程。

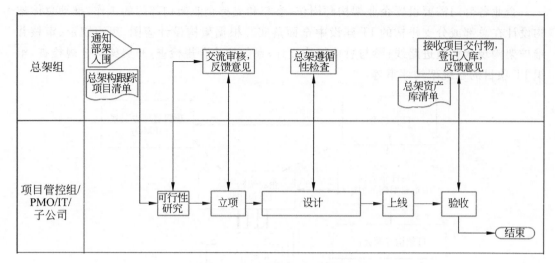

图 6.2   企业架构阶段审核流程

3. 设计阶段

项目建设部门应组织相关厂商开展架构设计,并向企业架构团队提交架构设计成果,企业架构团队负责组织系统架构设计评审。

4. 上线阶段

项目建设部门应组织相关厂商开展架构遵从检查,向公司总部企业架构团队提交项目交付成果,企业架构团队负责完成架构遵从性评审。

5. 验收阶段

企业架构团队负责把各个厂商提交的项目文档登记入库,更新资产库清单并在项目验收文件中签字。

企业总体架构工作是一个不断发展和提升的过程,不是一次性的项目。在企业初次建立企业架构体系的时候,需要培养各方面的人才、建立相关的制度和流程,需要付出较大的精力和较多的资源。之后的每一次架构改进都在现有的基础上,把企业的能力提高到更高的水平。企业架构的发展是一个较长的过程,从架构建立、初步管控到全面成熟可能需要 2~3 年的时间,在组织、流程和工具方面不断探索和完善,企业架构的作用会在不断完善过程中显现出来。图 6.3 是企业架构成熟度与发展阶段模型。

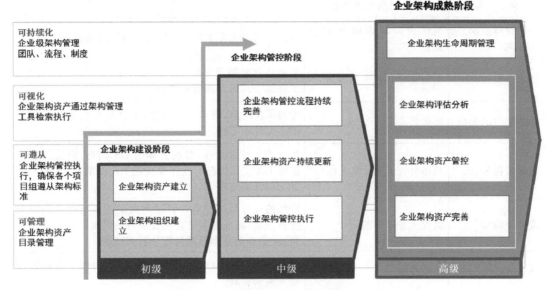

图 6.3　企业架构成熟度与发展阶段模型

6.2　有效的项目管理

　　企业架构团队派驻架构师到各业务线条,在各个项目组中需要指派架构负责人员,该类人员向企业架构团队汇报架构的方案,且须得到批准。系统的开发不仅需要满足业务部门的需求,还需要满足 IT 部门的要求,以及符合企业架构方面的规划和标准。只有通过严格的架构设计和管理机制,才能够保证架构在企业中发挥作用。

　　架构管理需要合适级别的技能人员参与,可在架构团队中设立多个架构委员会,如IT 监督委员会的成员应该是 CIO、公司高层管理人员、主要部门的负责人等;架构审核委员会可由 CIO 或者 CTO 负责,参与的人员有项目负责人、IT 部门负责人、首席架构师、采购和安全等部门的负责人;分会议和工作人员可以由首席架构师负责,安排应用系统、数据、运维、网络、安全等专业领域的人员参与。在架构的管理环节中,需要各种不同角色的人员相互配合,才能共同完成架构的管理工作。大型企业会对架构师进行细分,见表 6.1,如细分为系统集成架构师、安全架构师、性能架构师等。这些职责的划分需要企业根据自身情况决定。

表 6.1　企业架构管理角色列表

岗　　位	企业架构中的角色	责　　任
公司管理高层 (CXO)	提供公司层面的支持和指导	支持和鼓励 EA 工作,提供资源,进行决策和提出建议
技术总监(CIO)	全面领导和重大的决策	负责建立和领导 EA 工作,解决高层次 EA 问题,把 EA 工作和公司管理流程相结合
业务部门的领导	提供需求	参与 EA 决策,提出业务需求,支持与本业务线条相关的 EA 设计工作
首席架构师	具体负责 EA 日常工作	管理 EA 日常工作,解决具体的 EA 问题,向公司领导汇报 EA 工作情况。选择并实施 EA 框架和方法论,建立 EA 管理流程
业务架构师	负责业务架构的设计	资深的业务领域专家。管理和确定业务架构的边界和业务流程,将业务需求转化成项目的优先顺序和应用项目,对业务信息和数据进行分析和归类
业务分析员	需求分析	与业务用户一起收集、分析业务需求,协助架构师进行业务架构设计
架构师	负责设计和实施企业架构	负责端到端的流程和架构的设计,将业务需求变成适合企业公司业务和信息战略规划的、可实施的技术解决方案,建立流程、业务组件、IT 组件、服务之间系统的关联关系,参与所有业务架构、IT 架构、企业标准的设计和实施
方案架构师	解决具体的系统和项目的解决方案问题	参与解决各种业务线中的 IT 系统设计和开发问题,提出系统解决方案
技术架构师	负责企业技术方面的标准和支持	根据应用架构的原则决定系统开发的技术方法,制定企业技术标准、模式(pattern)、组件、模块,研究试验新技术,提供技术咨询
系统架构师	IT 系统设计和分析	提供系统技术分析和设计支持,设计并选择组件和模块,保证各系统共享和集成
数据架构师	数据架构设计和分析	提供数据架构分析和设计支持,设计并选择数据组件和模块,保证各系统的数据共享和集成
EA 工具专家	EA 工具支持	安装和维护 EA 软件和知识库
网站管理	负责 EA 网站的管理	管理和维护 EA 网站
最终用户	提出和确认需求	提出 EA 设计相关的业务需求,对 EA 架构提出反馈

企业架构的管理需要与项目管理配合,才能得到最佳的结果。企业架构的管理需要利用项目管理中沟通管理、变更管理、风险管理、质量管理等的流程和规定,把企业在架构方面的管控融入项目管理进程中。在 IT 系统的立项、设计、开发、推广的各个阶段,都需要增加架构方面的审核和控制的内容。架构管理的流程主要有例外处理审核、更新、沟通4 个方面。图 6.4 展示了它们相互配合,保证 IT 系统建设符合企业长期发展的方向。

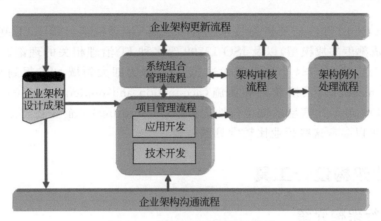

图 6.4 企业架构管理流程举例

1. 审核流程

保证系统建设符合企业架构的规范,在项目管理的流程中建立控制点,审批架构相关的决定,如同意、否决,或者有条件地通过。对于不符合架构的例外情况,也提供申诉和复议的机制。对于细节性的问题,尽量减少架构委员会的参与,使得架构委员会能够关注方向性和关键的问题。

2. 例外申诉流程

对于特殊的业务和突发事件,允许违反架构的情况存在,但是需要经过本流程的批准,或者设置例外存在的时间限制。需要记录和分析例外情况的影响,因为会从中发现潜在的架构改进机会。

3. 架构更新流程

架构也需要定期更新和增加内容。当公司业务或 IT 战略变化、新的技术出现、旧的系统或技术淘汰等事件发生时,就会触发架构更新的动作。架构的变动需要及时通过沟通流程发布通知,保证相关人员了解最新的架构情况。

4. 架构沟通流程

对相关人员开展架构规范、流程、工具的培训。培养和提倡架构文化,宣传架构团队和架构审核委员的作用和职能,得到企业管理层和用户的支持。

架构的管理与控制和其他管控机制一样,需要把握一个度。过于严格会扼杀创造力和新的想法。制定过多的规定会变得官僚和效率低下,同时会滋生绕过规范、形成既成事实的情况。另外一个极端是管控过于疏松,造成架构形同虚设,各个部门和项目各自为政,信息无法共享,开发风险增加。不同企业的平衡点也不相同,需要企业在实践中发现和把握。

国际上有 COBIT(信息及相关技术的控制目标)治理框架,ITIL(IT 基础架构库)、CMMI(能力成熟度集成模型)以及 ISO 17799 等多种 IT 治理相关的理论。其中 COBIT 的应用比较广泛,包含了 34 个信息技术过程控制,分为四大领域:IT 规划和组织(planning and organization)、系统获得和实施(acquisition and implementation)、交付与支持(delivery and support)、信息系统运行性能监控(monitoring)。企业在建立 IT 架构控制体系的时候,可以参考这些行业比较常见的框架。

6.3 企业架构设计工具

6.3.1 流行架构介绍

目前业界主要流行几种架构方法,分别是 Zachman、FEA、DoDAF、TOGAF、IAF、NASCIO,下面只做简单的介绍,更多的信息可以参考网络资料。

1. Zachman

Zachman 框架(Zachman Enterprise Architecture Framework)是美国架构专家 Zachman 提出的企业架构框架,是目前国际上最权威的框架,是多个框架的源头。该框架提出从 6 个描述问题的焦点(数据、功能、网络、人员、时间、动机)和 6 个角色(规划者、拥有者、设计者、构造者、转包商、运营企业)的角度分析企业。该框架本身不是一个完整的解决方案,不为企业架构工作提供具体步骤。

2. FEA

FEA(Federal Enterprise Architecture)框架是美国政府基于"联邦政府组织架构框架(FEAF)"报告提出的框架,用于指导美国政府的架构和数字化建设。

3. DoDAF

DoDAF(Department of Defense Architecture Framework)是美国国防部制定的,用于进行军队的架构和数字化建设,以提高军队的指挥效能,被誉为"兵力倍增器"。

4. TOGAF

TOGAF(The Open Group Architecture Framework)是由欧洲著名的 IT 协会 The

Open Group 开发出的,许多著名企业和 IT 厂商都参与其中,广泛应用于企业数字化建设工作,并取得了盛誉。关于 TOGAF 的详细介绍参见附录 A。

5. IAF

IAF(Integrated Architecture Framework)是凯捷公司发布的框架,从业务和 IT 两个方面设计企业的架构,通常称之为集成架构框架。通过分析业务、IT 的战略和现存问题,设计统一的和集成的企业架构和改造线路图,通过业务和 IT 的改造,最终实现 IT 对业务的有效支持。图 6.5 是 IAF 企业架构方法论。

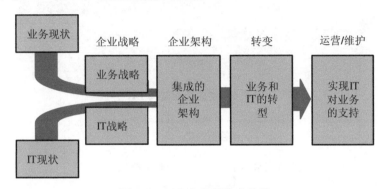

图 6.5　IAF 企业架构方法论

IAF 框架将整个企业分解成一系列相关的组成部分,其中涉及 4 个架构:业务、信息、IT 系统和基础技术。还有两个通用的组成部分:管理和安全。对这些组成部分的设计分为 4 个层次:环境层次(Why)、概念层次(What)、逻辑层次(How)和物理层次(With What)。环境层次显示的是企业所处的环境,它和 Zachman 框架的规划者视图相似;概念层次描述了要求和解决问题的方法;逻辑层次描述的是针对提出的要求使用的解决方法;物理层次描述解决方法的具体实现,如定义规范、标准、指引等实施时需要遵循的架构层面的设计。IAF 的层次划分的理念和 Zachman、TOGFA 相同,只是各层次的内容不同而已。软件、网络、存储等的架构不属于 IAF 的框架范围,只在系统建设中考虑。图 6.6 是集成企业架构 IAF。

6. NASCIO 企业业务架构

NASCIO 主要由美国政府部门的 CIO 组成,它的研究成果在美国政府中有很大的影响。它的 EA 思路也是从战略出发,设计业务架构和 IT 架构以及实施方案。这个框架借鉴了 Zachman 理论,从另一个角度定义企业业务架构,可以作为参考。NASCIO 的业务架构及其与其他架构的关系图如图 6.7 所示。

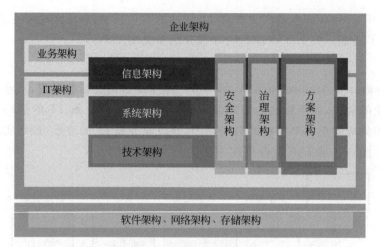

图 6.6 集成企业架构 IAF

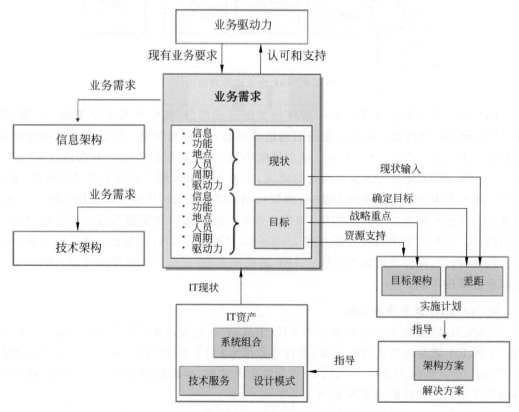

图 6.7 NASCIO 的业务架构及其与其他架构的关系图

6.3.2　几种流行的架构工具

在进行企业架构落地的工作时,将会分析整理大量繁杂的资料,在众多人员分小组进行整理的过程中,需要保持定义与理解的一致性,对企业资产库的管理尤为重要,这需要有成熟和优秀软件工具的支持。架构工具软件可以辅助项目组进行业务、数据、应用、技术等可视化的架构构建工作,并支持彼此之间的关联和可持续改进,形成清晰完整的企业模型。这些工具软件通常带有企业资产库功能,可存储整个架构开发过程中的各种资产信息,管理层、决策层可从不同角度、视点审视企业的结构和运作,帮助企业实现战略。图 6.8是 Gartner 关于企业架构工具的排名。

排名	工具名称
1	Orbus Software
2	Sparx System
3	Software AG
4	Avolution
5	Mega
6	BiZZdesign
...	

图 6.8　Gartner 关于企业架构工具的排名

下面介绍两款业界知名的架构工具软件,分别是 IDS Scheer 公司的 ARIS,以及德讯公司的 ADT。

1. IDS Scheer 公司的 ARIS

ARIS(Architecture of Integrated Information System)现为 IDS Scheer 公司的产品,是基于德国 Scheer 教授提出的一种面向过程的、集成化的信息系统模型框架而开发出的工具,分为战略、设计、实施和控制四大部分,针对整个业务流程生命周期的持续变化,为企业提供可适应不同需求阶段的解决方案。ARIS 能全面反映企业的组织架构、信息系统和生产实践之间的关系,将业务与 IT 进行无缝集成,为不同层次、不同部门的人员提供统一的业务交流平台。基于此平台,客户能够通过建立企业架构,迅速而高效地规划和发布其业务流程,并在可执行的信息系统中加以实施,对流程质量及质量目标进行持续监控,在与计划指标出现偏差时给出提示。ARIS 为分析企业商业流程环境提供了一套规则和方法。在这套规则和方法上建立的模型具有多维、多视图、多层次和多格式的特点,可全面反映企业的组织架构、信息系统和生产实践之间的关系。

2. 德讯公司的 ADT

ADT(Architecture Assets Development Tool Software)是深圳德讯公司开发的工具软件。ADT 来源于国内数字化领域的长期实践经验总结,是对各种架构方法论进行比较、综合、精简等发展而来的;基于统一数据库的方式协同和关联各个用户,支持企业资产库的持续更新、维护,摆脱分散、不一致的文件管理方式;采用基于插件的富客户端方式,具有很强的可扩展和可定制性,并融合各类主流成熟的开发框架,能够紧密跟进当前主流的技术前沿和发展方向。

Zachman 及 TOGAF 的详细资料

附录 **A**

1. Zachman 企业架构框架

不同的企业架构理论的内容不尽相同。第一个企业架构的框架理论是由约翰·扎克曼(John Zachman)于 1987 年创建的。至今,这个架构还是企业和政府最易接受的理论,国际上称之为 Zachman Framework。

尽管创建的时间已经有 30 多年,随后产生了很多新的技术和理念,但是 Zachman 框架在北美和欧洲还被认为是最基础的理论(特别是在企业领域)。Zachman 的论文《信息系统架构框架》(Framework for Information System Architecture)直到今天在业界仍然被认为是一个权威的理论,是其他框架的源泉。Zachman 的名声不仅是由于他在框架理论上的工作,还由于他早期在 IT 系统规划方面的贡献。系统规划在 20 世纪 70 年代是 IBM 广泛使用的信息规划的方法论。作为一个系统和有效的理论,系统规划给 IBM 的主要核心
领导、规划部门、技术部门提供了一个强大的工具。从 70 年代以来,Zachman 先生一直致力于信息系统规划和企业架构的推广工作。他出版了很多有关的书籍,撰写了很多相关文章,还为全球的企业和政府提供教育和咨询,带动了企业架构的发展。

1987 年,Zachman 先生发表的关于企业架构的论文中,有下面一张示意图,如图 A-1 所示。

这张图是 Zachman 先生的一个建筑架构师朋友画的设计图,是建筑师与他的客户讨论一个新建房屋的设计图。不同颜色和形式的线条代表了新房子需要有的功能,将会指导建筑队、电工、管道工等相关人员进行施工;也保证了客户的需要得到表达和满足。正如房屋架构图一样,企业建设也需要企业架构图。在 Zachman 的论文中,他提出以下 5 个层次的企业框架:规划者、业务属主、系统设计者、技术设计者、开发人员。Zachman 没有提出它们之间的依赖关系和如何实施这个框架,而且主要是从 IT 架构的角度提出的,并没有全面涵盖业务架构的内容,如图 A-2 所示。

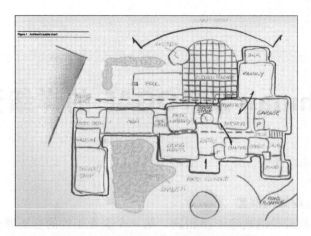

图 A-1 Zachman 论文中的房屋架构图

	数据 (what)	功能 (How)	网络 (Where)	人员 (Who)	时间 (When)	动机 (Why)	
业务范围							规划者
业务模型							业务属主
系统模型							系统 设计者
技术模型							技术 设计者
具体定义							开发人员
企业日常 运营	企业数据	程序编码	通信网络	业务组织	业务安排	企业战略	

图 A-2 Zachman 框架组成的层次和元素

在图 A-2 中，Zachman 框架由 5 行 6 列共 30 个元素组成。这个框架以最简单的形式描述了企业架构内的元素和它们的层次，以及这些元素在设计中的作用。Zachman 框架认为，一个系统的建设需要 6 个方面的信息，称为 6W：数据（What）、功能（How）、网络（Where）、人员（Who）、时间（When）、动机（Why）。从第一层到第五层，信息和规则越来越多，设计越来越细化。通过 6W 的划分，使复杂、庞大的系统设计工作简单化。在设计 30 个元素内容的时候，它们相互不能重复，而且组合在一起就能清晰地定义一个 IT

系统。

　　Zachman 各个层次之间是有层次的,从高层次的战略和方向性的设计,逐步细化到详细设计。

- 业务范围(scope):系统支持的业务范围,规划系统在功能和成本等方面的整体性要求。
- 业务模型(business model):描述业务实体和它们之间的关系,以及业务流程。
- 系统模型(system model):系统设计者决定系统提供的功能和数据模型。
- 技术模型(technical model):考虑系统开发的工具、技术方案和平台等。
- 具体定义(detailed decription):定义具体的数据库、系统模块、业务规则等,能够分配给开发者开展工作。

　　由以上 5 个方面定义架构和需求,就可以建立在业务运营中实际运转的工作系统。所以,Zachman 架构主要还是解决系统建设的问题,不涉及业务和流程的设计。

2. TOGAF

　　The Open Group Architecture Framework (TOGAF)[①]是提供了一整套方法和工具的企业架构框架。TOGAF 是一个跨行业的、开放和免费的架构,所以在全世界得到很广泛的使用。从 1993 年开始,经过 15 年的发展,TOGAF 成为一个行业标准。2006 年,在一个 TechEd 大会上统计,TOGAF 的用户占 33%,已经超越 Zachman(20% 左右的用户)。图 A-3 描述了 TOGAF 的发展历程。

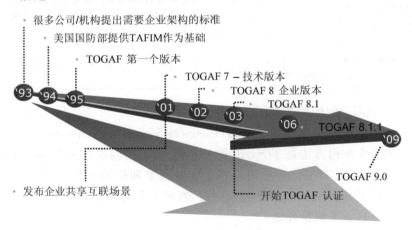

图 A-3　TOGAF 的发展历程

---

① 更多的信息可以参见 TOGAF 网站:http://www.opengroup.org/。

A.1 TOGAF 内容概览

这里将基于 TOGAF Version 9.2 对 TOGAF 进行简单、全面的介绍,帮助读者快速了解 TOGAF。TOGAF 规格说明书主要包括了 7 个部分,各部分的基本情况见表 A-1。

表 A-1   **TOGAF 规格说明书的主要内容**

第一部分:简介	介绍 TOGAF、企业架构的核心概念,以及 TOGAF 各版本间的变化
第二部分:架构开发方法 (Architecture Development Method)	本部分是 TOGAF 的核心,介绍 TOGAF 架构开发方法,简称 ADM。ADM 是一个开发企业架构的分步方法
第三部分:ADM 指南和技巧 (ADM Guidelines and Techniques)	介绍使用 ADM 的指南和技巧
第四部分:架构内容框架 (Architecture Content Framework)	介绍 TOGAF 内容框架、制品(Artifacts)结构化元模型、可重用企业构件块(Architecture Building Blocks,ABBs)的使用,概括了典型架构交付物等
第五部分:企业连续系列和工具 (Enterprise Continuum and Tools)	讨论合适的分类方法和工具,对架构活动产生的结果进行分类和存储
第六部分:TOGAF 参考模型 (TOGAF Reference Models)	提供两个架构参考模型:TRM:技术参考模型(Technical Reference Model);III-RM:集成信息基础设施参考模型(Integrated Information Infrastructure Reference Model)
第七部分:架构能力框架 (Architecture Capability Framework)	讨论进行企业架构的组织、流程、技术、角色和所需责任等资源

TOGAF 7 个部分间的关系如图 A-4 所示。

图 A-4 中,左边的业务愿景和驱动力(Business Vision and Drivers)是 TOGAF 的输入部分,中间的企业架构方法是 TOGAF 的处理部分,右边的业务能力(Business Capabilities)是 TOGAF 的输出部分。企业可以基于业务愿景和驱动力通过 TOGAF 进行企业架构的相关工作,获得相应的业务能力。同时,新的业务能力会产生新的业务需求,又形成新的驱动力,促进业务愿景发展。

其中,TOGAF 的核心是架构开发方法(Part II);通过架构能力运用 ADM 方法(Part VII);ADM 方法由一系列指南和技巧进行支持(Part III);架构开发过程产生的内容存储在储藏库中(Part IV);储藏库根据企业连续序列分类(Part V);储藏库初始由 TOGAF 参考模型充实(Part VI)。

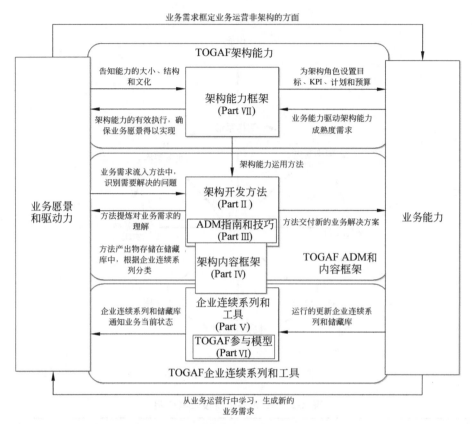

图 A-4　TOGAF 7 个部分间的关系

A.2　ADM 的构成和使用

TOGAF 架构开发方法是 TOGAF 的核心,简称 ADM。

ADM 由 10 个阶段组成:预备阶段、架构愿景阶段、业务架构阶段、信息系统架构阶段、技术架构阶段、机会与解决方案阶段、迁移规划阶段、实施治理阶段、架构变更管理阶段、需求管理阶段。

1. ADM 的 10 个阶段

TOGAF ADM 的构成如图 A-5 所示。

ADM 各个阶段及其作用见表 A-2。

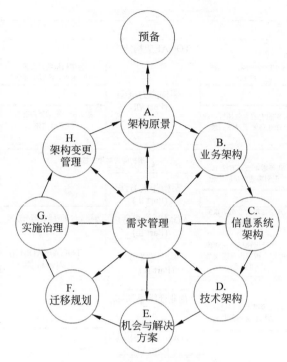

图 A-5　TOGAF ADM 的构成

表 A-2　ADM 各个阶段及其作用

编号	ADM 阶段	作　　用
P	预备阶段 (Preliminary Phase)	使组织做好成功实施企业架构项目的准备。 进行新企业架构开发所需的各项准备和启动活动,包括定义组织特定的架构框架和原则等
A	架构愿景 (Architecture Vision)	启动企业架构项目,并初始化架构的新一轮开发迭代,设定本次迭代的范围、约束、预期、识别干系人,验证业务背景,创建架构工作说明书,获得架构工作的批准等
B	业务架构 (Business Architecture)	创建业务架构,以支持在 A(架构愿景)阶段达成共识的架构愿景
C	信息系统架构 (Information Systems Architectures)	描述一个组织的 IT 系统的基本组织结构及其内部关系,体现在各类主要信息类型和处理这些信息的 IT 系统上。这个阶段又分两个阶段:数据架构阶段、应用架构阶段。这两个阶段可以串行或并行进行

续表

编号	ADM 阶段	作　用
D	技术架构 （Technology Architecture）	描述 IT 系统的基本组织结构及其内部关系,体现在硬件、软件和通信技术上
E	机会与解决方案 （Opportunities & Solutions）	聚焦实施,描述识别交付物(项目、项目群、项目组合)的过程,这些交付物将有效地交付前面阶段定义的目标架构
F	迁移规划 （Migration Planning）	聚焦迁移规划,即如何通过制定详细的实施与迁移规划,从基线架构过渡到目标架构
G	实施治理 （Implementation Governance）	定义架构如何约束项目实施,监控项目建设,以及生成一份需要签署的架构契约
H	架构变更管理 （Architecture Change Management）	确保架构变更在可控的方式下被管理
R	需求管理 （Requirements Management）	管理架构需求的流程适用于 ADM 周期的所有阶段。需求管理流程是一个动态流程,聚焦于企业需求的识别、存储,以及将企业需求输入相关 ADM 过程,并产生输出。这个流程是 ADM 过程的驱动中心

其中,每个阶段都有其目标、活动、输入、步骤、输出、技巧和交付物等。

需求管理是一个特殊的阶段,该阶段和其他任何阶段都有关系,是 ADM 过程的驱动中心。处理需求变化的能力在 ADM 中是至关重要的,因为架构就其本质而言就是处理不确定性和变化,在干系人期望和能交付的实际解决方案间搭建桥梁。

2. ADM 的核心阶段

ADM 是 TOGAF 的核心组成部分,而 B、C、D 阶段是 ADM 的核心阶段。

B、C、D 阶段分别在业务领域、数据领域和应用领域、技术领域开展工作,分别构建业务架构、信息系统架构(包含数据架构、应用架构)、技术架构,这 3 个核心阶段的执行情况决定企业架构工作的成败。

3 个阶段虽在不同的架构领域开展工作,但主要工作过程类似,每个阶段都包含 9 个工作步骤,分别是

（1）选择参考模型、视点和工具。

（2）描述基线架构。

（3）描述目标架构。

（4）进行差距分析。

（5）定义候选路线图组件。

（6）解决对架构景观的影响问题。

（7）进行正式的干系人评审。

（8）架构定稿。

（9）创建架构定义文件。

3. ADM 阶段分组

根据 ADM 各阶段的作用将各阶段分成 4 组：使企业参与并组织架构工作的分组、保证架构正确性的分组、使架构落地的分组、使架构工作持续进行的分组，如图 A-6 所示。

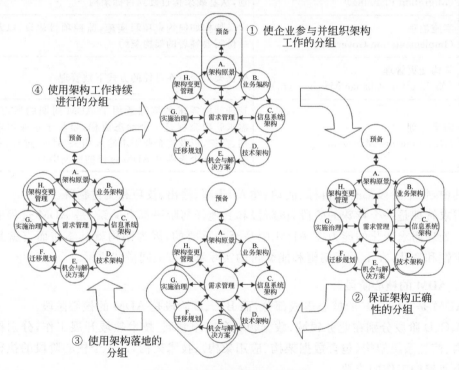

图 A-6 ADM 阶段可分成 4 组

各分组的作用如下。

（1）使企业参与并组织架构工作的分组。

该分组包括 P 和 A 阶段，使企业参与到架构工作中，并进行组织工作。P 阶段使组织做好成功实施企业架构项目的准备；A 阶段启动企业架构项目，初始化新的架构开发迭代，并获得架构工作的批准。

（2）保证架构正确性的分组。

该分组包括 B、C 和 D 阶段，保证企业架构的正确性。前面提到 B、C 和 D 阶段是 ADM 的核心阶段，那么该分组是 ADM 的核心分组。该分组用于描述各架构的基线版本、目标版本；进行差距分析、定义路线图、创建架构定义文件等。

（3）使架构落地的分组。

该分组包括 E、F 和 G 阶段，使上一分组创建的架构能通过实施或迁移落地。E 阶段聚焦实施；F 阶段聚焦迁移规划；G 阶段聚焦具体实施工作的治理。

（4）使架构工作持续进行的分组。

该分组包括 H 和 R 阶段。根据变更需求，对企业架构进行维护，使架构过程持续运行下去。H 阶段管理架构变更；R 阶段专门进行需求管理，与任何其他阶段都有关系，是架构过程的驱动中心。严格来说，需求管理与任何阶段都有关系。

附录 B

术 语 表

B.1 企业架构的通用术语

企业架构/企业总体架构（**Enterprise Architecture，EA**）：对企业多角度、综合的描述，反映了企业的人、流程、技术的组织和安排。对于企业不同的参与者，提供了不同的视图，用他们易于理解的方式和语言反映企业的状态。

架构师（**Architect**）：一个对系统架构负责的个人或者小组。

架构审核委员会（**Architecture Review Board，ARB**）：由各个相关部门和专家组成的负责审核企业架构的最高的小组或组织。

领域架构师（**Domain Architect**）：专长数据、网络、安全等某一领域的架构师。

泳道图（**Swimlane**）：一种流程图绘制的方法，可以横向或者纵向地安排好像游泳池泳道一样的通道，表示不同部门或者岗位负责的一部分流程环节。泳道图能够比较直观地表达角色和流程环节的关系，在流程设计中广泛使用。

总体架构治理（**EA Governance**）：确保企业架构发挥其价值的管理方法，使业务架构和技术架构的原则和设计方案在各个项目中被遵循。

利益相关者/部门（**Stakeholders**）：作为某项工作或者某个系统的负责方、受影响者、参与者等。

企业项目管理（**Enterprise Project Management，EPM**）：指企业中对项目的质量、资源、进展和风险等方面进行的管理，现在已经发展到对企业中多个项目的统一管理，保障它们之间协调、一致。

投资回报（**Return on Investment，ROI**）：项目或者企业的产出与投入的资金之间的对比，投资回报的计算有很多种方法，一般用百分比表示。

用例（**Use Case**）：在 UML 中重要的系统建模方法，表示了参与者、其使用的系统功能和它们之间的关系。用例图用于对系统、子系统或类的行为进行可视化，使用户能够理解如何使用这些元素，并使开发者能够实现这些元素。

B.2　业务架构的术语

价值链（Value Chain）：价值链是著名管理学家迈克尔·波特在 20 世纪 80 年代提出的企业价值创造的理论，即企业通过互不相同但又相互关联的生产经营活动，构成一个创造价值的动态过程。现代的价值链已延伸到企业外部。企业之间的竞争已经发展成为价值链之间的竞争。

价值网络（Value Network）：企业组件化自己的业务功能后，并不拥有全部业务组件。通过与多家外部企业建立合作网络的方式，把合作伙伴作为企业创造价值过程的一部分。

行业模式创新（Industry Model Innovation）：通过创建新行业或进入新行业、重新定义行业规则等方式实现行业价值链的创新。

收入模式创新（Revenue Model Innovation）：通过对产品和服务的重新定价，或者新的定价方式的创新模式。

企业模式创新（Enterprise Model Innovation）：通过改变企业、合作伙伴、客户的关系实现价值链角色的创新方式。

业务活动（Activity）：企业运营开展的活动，可以用 CBM 和流程图定义。

业务能力（Business Competency）：能够完成一个完整业务功能的领域，具有特定的技术和产出，如产品开发、物流管理等。

业务组件（Business Component）：企业中能够独立或者半独立运作的一部分，通常包括流程、人员、组织、技术等部分。

业务流程（Business Process）：是一系列有输入、输出、价值增加的工作步骤。

业务服务（Business Service）：业务组件向其他业务组件或者企业外部提供的产品或服务。

热点图（Heat Map）：根据特定条件选择和标注出的企业重要战略性的业务组件图。选择条件可以是多样的，如考虑灵活性、成本、竞争力等。

B.3　IT 架构的术语

数据（Data）：对客观事物的符号表示，用于表示客观事物的未经加工的原始素材，可以是符号、数字、字母等。

信息（Information）：对数据进行加工处理后，成为有一定业务意义和价值的信息，但是如果信息不被使用，就无法体现它的价值。

系统组件（Component）：也称为组件、IT 组件等。IT 开发出功能专一的程序，可以根据需要组合起来,构成复杂的应用系统。好处是:可以在多个应用系统中重复利用,容易升级和替换等。

　　总拥有成本(total cost of ownership,TCO):20 世纪 80 年代出现的概念,指 IT 在设计、开发、维护等全生命周期内的财务成本,用来衡量 IT 投入的回报。

　　应用架构模式(Architectural Pattern):事先设计好的、成熟的、被验证过的架构模式。

　　设计模式(Design Pattern):已经使用过的、测试验证过的、可靠的应用系统设计模式,能够在其他系统中重复使用,简化和加快企业系统的开发过程。

附录 **C**

关键词语索引表

参 考 文 献

[1] Jürgen Meffert.从 1 到 N：企业数字化生存指南[M].上海：上海交通大学出版社,2018.

[2] 钟华.企业 IT 架构转型之道：阿里巴巴中台战略思想与架构实战[M].北京：机械工业出版社,2017.

[3] 于海澜,企业架构——价值网络时代企业成功的运营模式[M].北京：东方出版社,2009.

[4] 唐凌遥.企业信息化——企业架构的理论与实践[M].北京：清华大学出版社,2016.

[5] 王玉荣.流程管理[M].北京：北京大学出版社,2008.

[6] 田丰崔昊,云战略：企业数字化转型行动路线图[M].北京：中信出版社,2017.

[7] 刘云峰,刘继承.集团企业 IT 架构治理实践[M].北京：清华大学出版社,2014.

参考文献